百年人生を笑って過ごす生き方の知恵

70代は面白い
80代はもっと面白い

致知出版社

土あらしの民衆

その闘いと

百年の生きざま

おせっかい恵の
ガツンと生き抜く
元気と愛のメッセージ

はじめに

高橋恵って誰だ？
おせっかい恵って誰だ？
あなたがこの本を手に取った時の最初の疑問に答えます。

一言で言うと「元気が歩いている人」です。
二言で言うと「元気を振りまいている人」です。
三言で言うと「出会った人を元気にしてしまう人」です。

高橋恵は、「元気としあわせは連鎖していく」と信じて、毎日毎日、愛あるおせっかい活動をしています。現在、クラブハウス週九本以上、ラジオ出演、テレビ出演月１、雑誌の取材も数多く、イベントでの審査員、ゲスト講演も舞い込みます。また、Ｚ世代から主婦・経営者・世代を超えた参加者に対し、自宅を開放しておせっかいセミナーや交流会を開催しています。全国のおせっかい仲間とのＺｏｏｍ《ズーム》会議も定期的にやっています。

めがねもまったくかけずにｉＰａｄ《アイパッド》を使いこなし、毎朝、自宅から朝日を写真に撮ってＳＮＳで配信をしています。

小説の公募に応じたり、ドラマの脚本も書いてなんと！　人気ドラマに採用されました。

靴下も六年ぐらいはいたこともないのです。肩こりも知りません。一級障害手帳はありますが、ペースメーカーも入って元気な身体を支えています。身長はありませんが体重があるので、現在ダイエットに挑戦中です。

ちなみに、結婚を二回、離婚もしました。お金も、コネも、資格も、学歴もないまま、シングルマザーで東京・中野のワンルームから創業したPR会社は、娘に託した後に一部上場を果たしました。

人生どん底這《は》い上がりのフルコースをドラマのように経験してきました。

毎日のようにZ世代からは恋愛、就活、進路の相談に答えては背中を押し、毎日のように結婚、離婚、子育て、教育の悩みを聞いては、悩みの種を消し、毎日のように、起業、営業、経営の指針を求められては、応援のエールを贈り続けています。

高橋恵との出会いの扉を入ってくる時は下を向いている人も、扉から出ていく時には意気揚々と「いってきます」と出かけていきます。

その時、高橋恵は「いってらっしゃい」と送り出します。

この本は、その毎日のしあわせを呼び込む高橋恵の名言・迷言をまとめたものです。

この本を読んでから、改めて自分の心に聞いてみてください。

あなたの心の扉が開いて、一歩踏み出す背中に、高橋恵は「さあ、いってらっしゃい」と送り出します。

読者の皆さんへ

「人間」の二文字の間に「の」を入れると、「人の間」（ひとのあいだ）となります。

人と人との間で生きているのが「人間」という意味だと思っています。

「しあわせを引き寄せる人と人の間をどう生きるか」は、人生で一番大切な課題です。

なぜなら「しあわせを引き寄せる法則は人と人の間にある」からです。

「しあわせを引き寄せる人と人との間の生き方」は一人一人違い、答えが見えません。

答えが見えない分、悩みます、壁にぶち当たります。その答えを求めて、学び、修業に入り、そして、先達たちが実践してきた人と人との間の生き方をヒントにしたりします。

しかし、その答えは、天からお迎えが来るまで分からない、永遠の謎でもあります。

私は、八十年の人生を過ごしてきても「しあわせを引き寄せる人と人との間の生き方」について明快に答えることはできません。毎日が自問自答の繰り返しです。

ただ、皆さんより長く生き抜いてきている分、人生のフルコースを経験してきている分、私の経験から生まれた「しあわせを引き寄せる人と人の間の法則」のささやかな言葉を、多くの方へ伝える恩返しがしたいと思い、この本を書きました。

私の人と人との間を駆け巡った人生はフルコースでした。

戦後、一家心中寸前だったどん底の極貧生活から、高校へ行くために親元を離れ知人宅にお世話になっている時、家事手伝いの最中に理不尽な嫌がらせにも遭いました。就職した広告代理店では、「女だから企画書なんか書くよりお茶くみ先だろ‼」との差別。

結婚、離婚、二人の子供の親権のために、後先見ずに起業した中野のワンルームからの出発。「私に売らせてください」と飛び込みで企業を駆けずり回った社長時代。

そして、七十歳にして本を出版し、おせっかい協会を立ち上げ、全国の方と出会い、多くの悩みと向き合い、多くの背中を押し、今に至っています。

全国を巡り、多くの方とお会いすると、人と人との間の生き方は一人一人が違い、そこには答えがないことが分かります。参加してくれた方がこのように言ってくれました。

「人生フルコースの体験から生まれた恵さんの言葉一言一言が心に刺さります。そして、恵さんは人と人との間をどう生きていくかの答えを実体験から語れる貴重な人生の先輩なんです」と。


私は、この言葉を胸に、講演会や仲間と語った言葉をこの本にまとめました。

人と人との間、恋人の間、夫婦の間、親子の間だけではなく、自分の心と悩みの間、自分の老後と残りの人生の間など、皆さんの自分自身の心の間の不安を埋める、勇気を持って一歩踏み出せる、そんな人生を生き抜くアドバイスになれば幸いです。

私もこの本を片手に第二の青春を生き抜きます。

皆さんも、人と人との間を、楽しく、元気に笑顔で生き抜いてください。

高橋　恵

おせっかい恵のガツンと生き抜く元気と愛のメッセージ

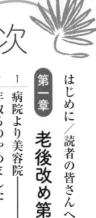

目次

第三章 仕事の間をどう生きるか

第四章 恋愛の間をどう生きるか

第五章 夫婦の間をどう生きるか

第六章 親子の間をどう生きるか

第七章　悩みの間をどう生きるか

第八章 おせっかいの間をどう生きるか

装幀・本文デザイン——フロッグキングスタジオ
イラスト・漫画——清水彩花
帯写真——于 前
編集協力——内村守男

第一章

老後改め
第二の青春の間を
どう生きるか

病院より美容院

年を取ってくると、友達との第一声が「元気だった?」「身体大丈夫?」が多くなります。私は「この年まで来たら、人生楽しむしかない、病院より美容院よ」と言って笑わせます。

今では「病院より、美容院」のこの言葉が大好きです。「びょういん」小さな「ょ」と「びよういん」大きな「よ」の違いだけで、心がすごく前向きになるからです。

人はこの世に生まれてきたからには、必ず死にます。それは、どのような人生、どのような運命であっても、誰もが通る道です。必ず死が訪れるのなら、一日一日を楽しく、ワクワクと生きていきたい……そう、美容院で髪をセットしてもらった時のウキウキとした喜びを、ずーっと感じていたいと思うのです。

私は一生、美容院を颯爽《さっそう》と風を切って出ていく気分で、街に出たいと思います。

魔法の言葉「病院より美容院」は、「颯爽と生きる、カッコよく生きる、美しく生きる」ための第二の青春を生き抜く、秘めた覚悟なのです。

心苦しい時、踏み出せない時、逃げたい時などの心の負の連鎖が起きている時は、鏡の前で「病院より美容院」と何度も言ってみてください。

この魔法の言葉を繰り返すだけで、自然と顔も心も笑顔になっていきます。

そうすれば私の覚悟があなたに伝わり「颯爽と生きる、カッコよく生きる、美しく生きる」勇気が出て、素敵な仲間と出会う機会も増えてきます。

年取るのやめました

私は八十歳、お声がかかれば全国どこでも講演しに行きます。
講演後、参加者の皆さんから「恵さん、お若いですね」とよく声をかけられます。
その時の私の答えは「はい、年取るのやめました、第二の青春真っ盛り」なんです。
最初は「え?」という顔をして私を二度見します。
そして「あ!、いい言葉です、私も使っていいですか」と目を輝かせます。
その時私のココロは「やった!」と叫んでいます。

また一人、年取るのをやめた仲間が増えたことがうれしいからです。

私の世代が集まると「年齢」「体調」「孫」の話が三種の神器となります。

でも青春時代は「夢」「恋」「流行」の話が三種の神器でした。

しかも、いつ終わることなく夜通し、長電話で話していました。

「年取るのやめました」と呪文のように言ってみてください。

そして、友達同士でも「年取るのやめました」と流行《はや》らせてみてください。

すると、青春時代と同じような「夢」「恋」「流行」の話が蘇ってきます。

「年取るのやめました」という、たった一言で心の意識を変えることができ、老後の暗くなる会話がきらきらし始め、「第二の青春」を楽しく生きる自分の姿が目の前に開けてくるのです。

これを声高に言えるのは、年齢に関係ありません。

すべての世代のみなさんへも届けたい言葉です。

今すぐ「私は年取るのやめました」と宣言してみてください。

そうすると「今やりたいことをやってやる！」という気概が湧き上がってきます。

さぁ、私と一緒に叫びましょう。「年取るのやめました！」

私は身長はないが体重がある、健康であればなんでもできる

私は、毎朝一番に朝日の写真をフェイスブックにアップしています。

その時に朝日に向かって願うのは、

「家族、友達が今日一日健康でありますように、私も健康でおせっかいができますように」

朝一番のこの行為は、一日を清々《すがすが》しい気持ちでスタートさせてくれます。

私の考える健康には四つあります。

身体の健康……病気の一つや二つはあってもいい、美容院へ行ける身体であれば健康です。

心の健康……ストレス、悩みを五秒で忘れ、笑い飛ばせる心であれば健康です。

行いの健康……即速躊躇《ちゅうちょ》なくおせっかい行動ができれば健康です。

愛の健康……相手の気持ちに寄り添い、相手のために一所懸命になれれば健康です。

身体・心・行い・愛の四つの健康をイメージしてみてください。

笑顔溢れる楽しい毎日が想像できませんか。

それに「この四つの健康があれば、なんでもできる」と思ってください。

「自分は健康、なんでもできる」と繰り返し、自己暗示をかけていくと、一日一日が積極的な行いにつながっていきます。

そして、声をかける、手を差し伸べる、席を譲るなどの積極的な小さなおせっかい行動を積み重ねていく度に、心が清々しくなっていくのです。

今まで躊躇していたことから「喜んでもらえることができる」と自分への自信につながります。

そして、次は何をしようかと、考えることが楽しくなっていきます。

あの世に持っていけるのは、この世の楽しい思い出だけ

自分の心に従うと、いらない贅沢がどんどん省かれていきます。

今流行りの言葉で言うと「断捨離」が起きるのです。

なぜなら、自分の心に従うと、これからの人生で必要なもの、必要でないものの区別がはっきりとするからです。

仕事も、お金も、人付き合いも、必要なもの、必要でないものの区別ができはじめます。

私の家では、セミナーやイベントを開催しています。

家に来た人にいつでも喜んでもらいたいので、食器や簡単にできる食材などはいつ

も常備して、具だくさんの麦みそ味噌汁や山野辺カレー（オリジナルレシピ）で元気付けています。

それ以外の長年活用してきていないモノはどんどん整理していきました。

その結果、自分のものはベッドだけになってしまいました。

それでも何不自由なく生活でき、ましてやよけいなものがない分広い空間が生まれ、人が集える楽しい空間となりました。

人が集えば、そこには楽しいことが起きます。

私の第二の青春の原動力は、必要ないものを断捨離して、人が集える空間を提供したことです。

第二の青春は、一人ではつまらないです。

おいしいもの、遊びも、みんなでワイワイと分かち合うから楽しいのです。

「あの世に持っていけるのは、この世の楽しい思い出だけ」の言葉は、わが家に集う、進路を迷う学生、恋愛に悩む女性、夫婦生活に苦悩する主婦、そして、退職して第二の青春を踏み出せないでいる世代の皆さんへ言っている背中を押す言葉です。

さぁ、今を精いっぱい生きて、この世の楽しい思い出をいっぱいつくってください。

第二の青春は出会いが面白い

私の人生はすべて出会いの連続でした。

人は「出会いで成長する」と言われます。

まさに私の場合はそうでした、出会いが福を呼んできました。

私の福を呼びこんだ出会いの秘訣は、先入観を持たないことなのです。

よく出会いの印象五秒で相手がどのような人なのか分かる……と学者の先生は言っていますが、それは私には無理です。

なぜなら、私には初めから先入観という文字がないからです。

実は、あなた自身が先入観を持って相手を探り始めると、その心は相手にも瞬時に

伝わります。

そして、相手もあなたを先入観で探り始めます。

先入観の探り合いは、お互いの魅力を半減させます。

人の間において、お互いの探り合いほど、邪魔なものはありません。

このように思ってください。

先入観は、肩書、ファッション、容姿、職業、言葉づかい、礼儀作法……の印象から自分が勝手につくり出したものです。

本当の相手の魅力は、会って、話して、聞いて、おせっかいをした時の笑顔で分かり合えます。

そこには、先入観はいらないのです。

先入観のない出会いは、実に多種多様な人々と出会います。

私自身、元総理から起業したての社長、夢を追いかけている学生や役者、再起を目指している運転手、社会貢献を模索している若者、出会いたくない詐欺師まで、いろんな人たちと出会い、実に面白い話を聞き、私の人生の宝にしています。

先入観のない出会いは、第二の青春をきっと面白くします。

第二の青春は
図太く、したたかに
自由に生きていいんです

誰でも傷つくのは怖いです。

今は、悩みがなさそうに見られる私も、第一の青春時代は、いろいろと傷ついてきました。

その傷つくフルコースを経験してきました。

自分の存在を否定されるような……傷つくフルコースを経験してきた私が体得した、何を言われても、何をされても一切傷つかない方法があるのです。

それは、自分を守るために言い訳をしたり、ウソをつかないことです。

心に正直に生きていれば、嫌なことを言われても、理不尽なことを言われても、「私は悪いことはしていない」と毅然《きぜん》としていることができるのです。

言い訳やウソをつくと、次はその上塗りで言い訳、ウソをつくことになります。心も傷ついていくことになります。その時間はもったいないものです。

でも、「私は悪いことはしていない」という心の態度でいると、傷つくことを言われても、嫌なことは五秒で忘れることができます。

第二の青春は、自由に生きていいんです。

守りを固めず、図太く、したたかに、自分の本音に従って生きていきましょう。

天知る
どんなに隠したとしても
お天道様は知っている
地知る
地球が、地上の神様が
知っている
我知る
何より自分が
一番知っている
罪悪感…
どうしよう…
ドキドキ
黙ってれば
いいかな…
本当は
イヤだな…
でも…
他人にも自分にも
ウソはつき続けられない
だから、自分を誤魔化さずに
胸を張って生きよう!

第二章

人生の間を
どう生きるか

どうか希望を失わないでください。あなたには、三つの太陽があるじゃありませんか

あなたは、人生最後の時に、もう一度読みたい手紙がありますか?

私には、命を救ってくれた一枚の手紙があります。

その手紙がなかったら、私は死んでいたのです。

私だけでなく家族全員も死んでいたのです。

この手紙は、戦後の混乱期に、無理心中寸前まで追い込まれた私たちのどん底の生活に、そっと玄関に挟んでいった一枚だったのです。

その手紙の冒頭が右の言葉だったのです。

読んだ時、家族全員で泣きました。

今はこの言葉を心の支えに、「命があればなんだってできる」と生きてきました。

この手紙は誰が書いたのかも、もうどこにあるのかも分からないけれど、今でも私たち家族の心の支えとなっています。

たった一枚の手紙が命を救うことがあります。

たった一言の優しさが命を救うことがあります。

優しいおせっかいの手紙を書いてみてください。

相手の心も、自分の心も優しさに包み込みます。

特にいつも言っているのは、自分の誕生日に親へ「産んでくれてありがとう」の感謝の手紙を出そう。

妻や子供たち、恋人へ面と向かって言いづらいのなら「愛している」の手紙を出そう。

手紙ならココロの想いを伝えられると思います。

たった一枚の手紙がしあわせを引き寄せますから。

天知る　地知る　我知る

たった一言が、人生を変えることがあります。私の人生を変えた言葉は「天知る　地知る　我知る」です。子供のころは、その後の青春の勇気の言葉となり、社会人のころには生きる情熱につながりました。そして、人生の後半には、孫に教えさとす道しるべとなっている言葉です。

私がこの言葉に出合ったのは、まだ戦後の焼け跡が残る頃でした。子供の頃に母が口癖のように諭してくれた言葉でした。この言葉は「後漢書《ごかんじょ》－楊震伝《ようしんでん》」の故事で「誰

も知るまいと思っても天地の神は照覧し、自分も知り、それをしかけるあなたも知っていることだ。隠し事というものはいつか必ず露顕するものだ」という意味があり、悪事の隠蔽《いんぺい》をいさめる例などとして用いられています。

母はこの言葉を、子供だった私にも分かるようにこのように言ってくれました。

「いいわね、悪いことをしてはいけませんよ。天国のお父ちゃんがいつも見ているのだからね。人が見ていなくても天からはお父ちゃんが見ている、地上では私が見ている。何よりも自分自身の心が見ているのだからね。人様に恥ずかしい生き方をしてはいけませんよ」

私の人生の心の支えとなった、「天知る、地知る、我知る」は苦しい時、凹《へこ》んだ時、逃げたい時、悪い仲間に誘われた時、死にたいくらい苦しんだ時、いつも心の支えとなりました。

今度は私から皆さんへ伝えます。苦しい時は、立ち止まっていいんです。泣きたい時は、いっぱい泣いてください。甘えたい時は、いっぱい甘えていいんです。いつも誰かがそばにいて見守っていてくれています。それを忘れないで、今を一所懸命に生きてください。

人生なんてなるようにしかならない楽しむ、笑う、出会う

先日、おせっかい協会の交流会に来た青年が悩みを打ち明けてくれました。

ずーっと勉強は一番で、いい大学に入り、いい仕事について、順風満帆な人生だったのです。

ところが、仕事で初めてミスをした途端「この世の終わり」と思ってしまうような、挫折感を味わい、心が折れてしまったのです。

実は、程度の差はあれ、このような挫折感を持った若者と話すことが多くなりました。

いろいろと話を聞いていくと、小さな時から周りと競争させられ、「一番じゃなきゃいけない」とか「トップの学校に行かなくてはいけない」という親の期待と共に育ってきた人が多いようです。

一番でいないと親に認められない、愛情をもらえないと心のトラウマになってしまっているのです。

しかし、人生は狙った通りにはいかないですし、仕事も、人と人の間も自分の思うようにコントロールはできないのです。

コントロールできないものをコントロールしようとするから、小さなミスでも落ち込んでしまい、不安になってしまうのです。

私は青年にこのように言いました。

「人生なんて、なるようにしかならない、何でも一番なんてありえない。一度立ち止まってみてください。そして、トラウマを早く手放して、楽になりなさい」と。

そうすると「楽しむ、笑う、出会う」余裕が生まれます。

同じ生活をしていても、今までとは違った風景が見えてきます。

今までとは違う楽しさと出会いが起きます。

常識 良識 信念に人生縛られていないか

「人はこうあるべきだ」

「仕事はこうあるべきだ」

「妻はこうあるべきだ」

世間にはたくさんの「あるべき」「すべき」「なければならない」という言葉が溢れています。この「常識」「良識」「信念」は、正しい顔をしながら、実はあなたの人生を縛っているのです。

「常識」「良識」「信念」の思いが強すぎれば、新しい発想や常識外の思い切った決断や行動が取れなくなります。

もちろん生きていく上での「常識」「良識」「信念」は大切です。

ただ、私が言いたいのは「常識」「良識」「信念」は普遍ではないということです。

時代と共に、成長と共に変わっていくものなのです。

子供の時は親の「常識」「良識」「信念」の中で褒められたり、怒られたりして成長してきました。それはすごく大事な経験です。

しかし、大人になったら他人の「常識」「良識」「信念」からは卒業して、自分の考え、自分の信念、自分の心と向き合い、行動していかないと息苦しくなってしまいます。

すごく簡単な方法があります。

「やりたいか」「やりたくないか」、「好きか」「嫌いか」の心の声に従ってみてください。

心の声は、いつだってあなたの味方です。

心の声をきちんと聞いてあげて、行動してみてください。

人生で迷うことがどんどんなくなります。

地球の滞在時間は限られている。やり残しがないように心がしたいことをする

人生百年時代ですから、八十歳の私は、残りは二十年です。

私は、おせっかいの心を日本中、世界中に広めるにはあと二十年しかないのかと愕《がく》然《ぜん》とします。だから、やり残しがないように、心がしたいことをノートに書き出しました。

「おせっかい協会の支部を国内外につくりたい」「賛同してくれる人たちを一万人にしたい」「おせっかいを広める本を出したい」「ネットラジオのリスナーを増やしたい」「おせっかいカレンダーを仲間の協力で出したい」「全国におせっかい講演に行き

たい」「おせっかいの歌の講演&ライブをしたい」「おせっかい交流会で多くの人と会いたい」「おせっかい社会貢献と施設へ本の贈呈をしたい」……その他いっぱい。

不思議なもので「○○○○をしたい」と言い続けていると、それぞれの分野で活躍しているおせっかい仲間がどんどん協力をしてくれます。

支部も、本も、ラジオも、カレンダーもどんどん実現に向けて進行していっています。

「心がしたいことをする」ためには「声に出して言ってみる」をずーっと言い続けると「面白そうだから、何か協力するよ、手伝うよ」「私もそれがしたかったのよ」と仲間や専門家の文殊の知恵が集まってきて、心がしたいことが実現に一歩踏み出すのです。

一人で悶々と悩んでいてはダメです。一人で悩めば悩むほど迷路にはまってしまい一歩も踏み出せなくなってしまいます。

あなたの地球滞在時間を逆算してください、そして、やり残しがないように心がしたいことをノートにまとめて、言い続けてみてください。

百歳までに何が実現できるか、私と一緒にワクワクしませんか。

人間は神様の集まりじゃない

「人間は神様の集まりじゃない」なんて、偉そうなことを言っている私も、当然生まれてからずっと、このように生きてきたわけではありません。

子供のころは他人と比較して、いろいろと文句を言ったりすることがよくありました。

そんな私を変えてくれたのは、ある日母が言った「人間は神様の集まりじゃないん

だから」という一言でした。

「神様ならともかく、たかが人間なのだから、足りないものがあってもあたりまえよ。それに、みんないろいろと足りていないものがあるのだから、一人ひとり違っているのも当然のことなのよ」と母はそのように、私を優しくたしなめてくれたのです。

人が自分と違うことを認める。その上で人と分かり合おうとする。

そうすると、人と自分の違う点が、どうやってできてきたのかが見えてきます。

すると、自分と人の違いが、嫌なことではなく、それぞれの個性や価値であるということが分かってきます。

みんな違っていいんです。むしろ、違うからいい。

自分と違う人がいるから知りたいと思うし、面白いのです。自分と違う人と接することで自分の世界を広げることができます。

時には嫌な思いをすることもあるかもしれませんが、それでもいいんです。

人と人との間は、持ちつ持たれつなのです。

神様ではなくまずは人と人として向き合い、相手を認め、理解することから始めましょう。

人生は楽しんだものの勝ちと価値

ある方から私に質問がありました。「人生の価値とは何でしょうか」と。

私は即答しました。「人生は、楽しんだものの勝ちと価値なのです」と。

人は亡くなる前に、自分の人生の思い出がフラッシュバックすると言われています。

もしそうであれば、看取っている周りが涙でも、私はニコニコ笑顔だろうなと想像するのです。

それだけ楽しい人生を過ごしていると思っています。

もちろん、私の人生はフルコースでしたから、どん底這《は》い上がりのジェットコースターのような人生でした。

だから苦しい時、裏切られた時もいっぱいありました。でもそれを五秒で忘れてしまいました。

「え、五秒で?」と皆さんが不思議がります。

実は、そうするためのすごく簡単な方法があるのです。

「苦しいこと」は「人生の宝」と変換して記憶を上書きしてしまうのです。

そう、苦しいことも、失敗も、別れも、人生のネガティブなことは、すべて「人生の宝が増えた」というように思うのです。

人生は長いようで短いです、私はあっという間に八十歳になりました。

ネガティブなトラウマに囚《とら》われている時間はもったいないのです。

その時間を楽しい出会い、楽しい恋、楽しい仕事、楽しい趣味、そして、楽しいおせっかいに使ったほうが、あなたは人生の勝ちと価値をつかむのです。

さあ、嫌なことは五秒で忘れて、人生を楽しみましょう。

人生を前向きに楽しく生き抜く、ただそれだけ

どん底這い上がりの人生フルコースの私が、途中折れることなくやってこられたのは、「人生を前向きに、楽しく生き抜く」と自分自身に暗示をかけてきたからです。

どん底の中で起業した時も、あとは這い上がるしかないのだから、楽しく生き抜くぞ……と、涙を流しながらも心だけは折れないように自分を鼓舞し続けました。

そうやってどん底の中を一所懸命に頑張っていると、天が見ているのか分かりませんが、一人また一人と手伝ってくれたり、協力してくれたりと、人と人の絆がどんど

ん増えていきました。

その時に私は悟りました。

どん底の時こそ下を向かず、前向きに変わらなくてはいけない。

どん底の時こそ楽しく生き抜く姿勢で、行動しなくてはいけない。

「私は今どん底で苦しい、もっと自分のことを理解してほしい」と部屋にこもって泣いていても、誰も家に来てくれるわけではありません。

大切なのは「今を楽しむ」と決意して自分自身が変わることです。

その「人生を前向きに、楽しく生き抜く」という思いは、すぐに言葉や表情、行動に表れます。

そういう人は、周りの人に「この人のことを知りたい」と感じさせ、あなたのことを理解しようとしてくれます。

あなたが行動することで、一人また一人と出会いが生まれ、私がそうであったように、まずは不安の孤独から解放されていきます。

どん底の時こそ「人生は前向きに、楽しく生き抜く」。それだけのことなのだと開き直ってみてください。

鳥のように自由に
生きると決意したら、
どうすれば自由に
生きられるかを
考えられるようになる

私は、空を見上げて、飛んでいく鳥を見るのが好きです。

散歩の途中、学校の窓から、そして、トイレの窓から、飛んでいく鳥を見て、早く大人になって自由に生きたいといつも思っていました。

そのように自由に生きる決意を決め、将来はマスコミに行きたいと思っていた私は、どうしたらマスコミの仕事に就職できるかを調べました。

人は本当の決意をした後は、行動が加速します。

その決意を実現するために「今から何をするべきなのか」を明確にイメージできるようになります。

そして、イメージが浮かべば、あとは計画に沿って行動に起こすだけです。

自分の決意に向かって行動を起こすことほど、ワクワク楽しい気持ちがすることはありません。

そして、その決意を気心の知れた人に話していくと、先生や兄弟・姉妹、友達が、様々な具体的なアドバイスでサポートしてくれます。

さあ、外に出て、飛んでいく鳥を眺めてみてください。

大空を自由に飛ぶ鳥から、これからを生きる勇気をもらえると思います。

心の声は やりたいか、やりたくないか、すごくシンプル

何をするにしても真っ先に、自分の「心の声を聞きなさい」と私はよく言っています。すると「心の声がいっぱいある時は、どうしたらいいでしょうか」と質問が飛んできました。私が真っ先に答えたのは「『やりたいか　やりたくないか』心の声を確かめてみてください」ということでした。心の声は、すごくシンプルなのです。

「やるか、やらないか」。それが明確になりさえすればいいのです。つまり、心の声

とはあなたの覚悟そのものなのです。

現代はスピード化の時代です。迷っている間に別の会社が、別の人が先にリーチをかけてしまいます。

「面白そうだな、どうしようかな」「素敵な人だなあ、食事に誘いたいけどどうしよう」「この場所、行ってみたいなあ、どうしようかなあ」「お客様に買っていただく脈があるかなあ」など。

ビジネスも、恋愛も、レジャーも、自分が興味を持ったということは、他の人も興味を持った可能性が高いのです。迷っている間に、他の人が先に行ってしまいます。

「やるか、やらないか」の覚悟を五秒で決めてみてください。やると決めたら即速行動に移ってください。その即速行動でダメだったら諦めがつきますし、OKなら新しい未来の扉が開くのです。

「面白いと興味が湧く」⇓心の声を聞く⇓「やる」と覚悟を決める⇓「即速行動に移す」⇓「やらない」と判断する⇓五秒で忘れる

この心の声を聞く意思決定プロセスを、日々鍛錬してみてください。きっと新たな人生の道が開けていきます、決断力が早いと周りからも頼りにされていきます。

社会の理想に縛られない。人のあり方はそれぞれでいい。周りと同じようになろうとしたらしあわせになれない

またまたガツン！　と書きます。

「社会の理想は捨ててしまいなさい」「周りの目はどうだっていい」

あなたはあなたの生き方でいいのです。

悩む必要はありません。

創業した販促ＰＲ会社で新入社員の面接をしている時、社会が求めている、就活生

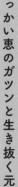

の理想像にほぼ近いような返答が多くありました。

そこで「あなたの理想は何ですか？」と質問をすると、就活生は原稿を用意したかのように即座に返答しました。

「御社の戦略に沿った企画を立て、それを遂行する一員となることです」

私は心の中で「はい、よくできました、でも、他の人も同じようなことを言っていますよ」「で、あなたは何をしたいの？」と聞きたくてうずうずしていました。

でも、そこまで強く質問すると、圧迫面接のパワハラと書き込まれるかもしれないのでグッとこらえました。

私が就活生だったら「私の理想は、この会社が大好きですから、社長になりたいです。理想は、おせっかい経営・おせっかい営業を浸透させ、売り上げを十倍にすることです」と大ぼらを吹いていたでしょうね。

そしてそんな時、私が現役の社長だったら「即採用」とします。そういう人材にはワクワクします。

人のあり方はそれぞれ違っていいのです。周りと同じことをしていたら、誰の目にも留まりません、あなたの個性を生かしてください。

18 知識や技術は使えなくなることがありますが、心の才能は枯れることはないのです

創造力のある人と話をしていると、思わぬ発見があって、実にワクワクします。若い人の創造力のある話は、横文字が多く飛び交い、半分くらいしか理解できませんが、それでも、その輪の中にいるだけで、未来が明るい気がします。

一方、第二の青春（老後）を謳歌《おうか》している人たちの創造力の話は、私もほとんどが理解できるので、一緒になって「あれしよう、こうしよう」とはしゃぎます。

若者とも第二の青春の世代とも、心の才能から生まれる創造に接すると、前向きに

なります。

そして「心の才能」を存分に使うことは、若さを保つ秘訣でもあるのです。

「心の才能」を使って創造するのは難しいのではないか……と尻込みしてはいけません。

実はものすごく簡単なことなのです。

この簡単なことで、若さを保ったり、人生が活き活きしたり、SNSで人気者になったり、お小遣いもゲットできたり、先生と呼ばれるようになったりなど、青春時代にはできなかったことが「心の才能」を引き出すことでできるようになるのです。

その極意を教えます。

それは「プラスワン（＋1）創造」でワクワクすることを考えるのです。

あなたがやってきた趣味に「プラスワンのアイデア」を付け加えてみてください。

例えば、フラダンスの先生が「青春時代の歌謡曲を歌いながらのフラダンス」をすることを始めたら、「私もやってみたい」と新しい生徒が増えました。これも「プラスワン創造」なのです。

さあ、あなたも心の才能を活かしたプラスワン創造をしてみませんか。

与えることで心は成長する。
与えるほど心に余裕ができる。
与えたことは心に返ってくる

人は心のありようで成長します。
その心を成長させるエネルギーは「与えること」だと思っています。
与えることで心は成長する

与えるほど心に余裕ができる
与えたことは心に返ってくる
私はこの三つの言葉が大好きです。

人生は、この「与える」側になったり、「与えられる」側になったり、どん底這い上がりを繰り返すことで、心が鍛えられ成長していきます。

私のやっているおせっかい活動の原点は、利他の心です。

与えることとの繰り返しなのです。

私のセミナーで若者に聞かれました。「与えてばかりだと疲れませんか」と。

実に現代的な質問です。「与えたら、与えた分だけ、利益がないなら損じゃないのか」という考えが根底にあるからです。

わたしはその若者にも理解してもらえるように答えました。

「与えた分、ものすごい利益をもらっているのです。心が成長するエネルギーを補充できます、心に余裕ができ若返ります、そして、与えた分、出会いがあり、仲間ができるのです」と。

人生を豊かにする原点は「与えること」、あなたも何ができるか考えてみませんか。

人生は成功の数でも失敗の数でも決まらない。もともと優劣なんてないのです

「恵さんは、失敗したことはありますか？」と聞かれたことがあります。上場企業の創業者であり、本も書き、中野のマンション十九階に住み、いつも仲間と笑い、「病院より美容院」の心でアクティブに飛び回っている姿から自ずと成功者のように見られるのかもしれません。私は即答しました。

「成功したより失敗した数のほうが何倍も多いです」「どん底這い上がりです」

すると、皆さんは不思議そうな顔をします。

「それだけ失敗が多いのに深刻じゃない……」と。でも、失敗したら深刻になる、失敗したら人生終わり……などと誰が決めたのでしょうか。だから答えるのです。「失

敗したら五秒で忘れます。残っているのは成功しかないのです」と。

昔、乗ったタクシーの運転手さんが丁寧に心配りをしてくれたので、好印象を受け、雑談をしました。すると身の上話となりました。「最近まで会社を経営していたのですか、連鎖倒産の波をかぶり、泣く泣く会社を畳んだんです、でも、いつか会社を復活させたいと思っています」。「その気持ちがあれば、必ず復活できます」と応援の言葉と共に、私の書いた本を渡して降りました。

その三年後、玄関のインターホンが鳴り、運転手さんが挨拶に来られました。

「恵さんの本が励みになって、会社を復活させることができました、ありがとうございました」「いつも社員に話しているこの本の著者、ご本人を社員に紹介したく連れてきました。ぜひサインをしてください」と。

社長（元運転手）と社員を囲んで、私の手料理でお祝いの交流会となったのは言うまでもありません。

長い人生の中で、成功・失敗は付きものです。ましてやその数で優劣なんか決まりません。今日失敗しても、明日は成功する可能性があるのです。失敗してもいいんです、あなたはあなたの思うままに人生を生きてください。

遠近両方で見るクセをつけたら人生変わります

人生はいつも遠近両方で見るクセをつけたら変わります。

近くばかり見ていたら、お金だけ、自分だけ、今だけの自分になって、石につまずきます。

遠くばかり見ていたら、でっかい話、でっかい儲け、でっかい夢追い人のままで終わってしまいます。

近くとは、今を冷静に分析する眼です。

遠くとは、十年先、二十年先の自分の姿を思い描く眼です。

遠近両方で見る癖をつけることは、あなたの人生の道しるべとなります。

「何でも売らせてください」と私が創業したのは販売促進プロモーションの会社です。

この業界は、発注主がいて成り立つ請負仕事です。

請負仕事は、どんどん営業して受注していけば会社は大きくなります。

しかし、十年先、二十年先までとなると話は別です。

ライバルが群雄割拠して価格破壊が始まり、ネットやスマホの普及で販促の新たな潮流が生まれてきました。ましてや、不況やパンデミックでお得意様の業績も一定ではありませんでした。

私のいた業界でさえ十年で随分変わったのです。

遠近両方で見るクセは、どんどん変わっていく時代の中で、人生をどう生き抜くかの道しるべともなるものです。

まずは、今の自分と十年後の自分を思い描いてみませんか、きっと人生が楽しく変わります。

22

人生は複雑なようでいてじつは単純なものなのです。仕事も恋愛も同じです

「人生は複雑な要素が入り乱れ、その入り乱れた糸に絡まって四苦八苦している……」。そんなふうに思っているあなたへ、またまた、「ガツン！」と言います。

フルコースの人生を歩んできた私は今、「人生は単純です」と声を大にして言います。

「やる」か「やらないか」
「付き合う」か「別れるか」
「買う」か「買わないか」

「賭ける」か「賭けないか」

「逃げる」か「挑むか」……などなど
人生の岐路に立った時、すべてが二択なのです。

その二択で大事なのは、「自分の心にとことん聞いて、覚悟を決めた」かどうかなのです。中途半端な決断をするとその決断で本当に良かったのだろうかと悩みのドツボに入ってしまうのです。

悩みのドツボにはまると周りの人の意見に左右されてしまうことになります。

自分の背中を押してくれるアドバイスなら大歓迎ですか、悩みに関するアドバイスには相手が自分を心配してくれる要素が加味されるために、安全な選択肢となりがちです。

そうなると選択すること自体が複雑になってしまいます。

その時はこう思ってください。

「人生は単純だ、やるかやらないかの二択だ」

「ようし、思いっきり自分で決めてやる」と。

その覚悟で決めたことは、あなたの人生の価値（勝ち）へとつながります。

「思い描いていた通りに生きなくては」という考え方を捨ててしまっていい

私の人生は、決して思い描いた通りにはなりませんでした。

それでも、紆《う》余《よ》曲《きょく》折《せつ》あったけれども、すごく楽しい人生を過ごせています。

二十代半ばで結婚し、子育てと仕事を十年以上続けたものの、離婚することになったのが四十代。

子供の親権を取るために、自分のできることはこれしかないという「積極的消去法」で始めたのが起業だったのです。

その後、様々な出会いと幸運と私の営業力・娘の創造力などが重なって、会社は上場までることができました。

ただ結果オーライだから良かったものの、二十代、三十代、四十代の私の人生は、まったく思い描いていた通りではありませんでした。

でも人生とはそういうものではないでしょうか。

「思い描いた通りに行くこともないし、思い描いた通りに生きる必要もない」

逆に自分で思い描く結果にばかり捉われていると、人生の節目における選択を間違ってしまう場合もあります。

人生は、思い描いていた通りにはいかないのですから、一度その考えをリセットして、選択の仕方を変えてみてください。

その判断基準は「自分が楽しいかどうか」です。

人生の岐路に立った時、「自分が楽しいかどうか」を基準に選択すると、テンションも上がり、ワクワクしながら挑戦することができます。

24

自分のために続ける一年（一念）、その習慣があなたを変える

「石の上にも三年」という諺《ことわざ》があります。

この諺を私は次のように解釈しています。

「意志の上に三年続けば、あとはなんとかなる」と。

「石」と「意志」をかけたおばちゃんギャグですが、意味は同じような気がします。

事実、私自身も起業してからの三年間が一番大変な時期でしたが、その後はなんとかなりました。

また、起業の場合は「意志の上に三年」が一番ぴったりきますが、人生においては「自分のために続ける一年（一念）」も大事だと思っています。

私はもともと、動き回るのが好きで、一つのことを継続してやり続けるのが苦手でした。

その私が、おせっかい仲間と始めた中野駅前商店街のごみ拾いを、毎週日曜の朝に行い、約四年半続けました。もともとは一年も続けばいいかな……くらいに考えていました。

おせっかい仲間のサポートもあり続けられましたが、毎週日曜日の朝に仲間が集うのが楽しみで続けられたのだと思います。

次に始めたのが毎日、中野のマンションから撮った朝日の写真をSNSにアップすることです。こちらは十年くらい続けています。この写真のファンの方もいて励みになっています。

あなたも何か継続してみませんか。

「意志の上に三年」とは言いません。「自分のために一念発起して一年続けてみてください」。

趣味でも、語学でも、ボランティアでも、何でもいいのです。まずは一年続けてみてください。

その継続が、あなたの自信となり、健康を維持することとなり、強い意志を持つことになり、自分自身の発見にもつながります。

やるなら「今!」、「今度」の「度」を取れ!

私は「今度」という言葉が嫌いです。

「今度」とは、「今」が何度もある、今やらなくてもいいという意味にも通じるからです。

時計の針がどんどん前に進んでいくように、「今」は何度もないのです。

今やらなければ、それは過去になってしまい、やらないままに消えてしまうのです。

時間を止めるわけにはいきませんから、やるなら「今」しかないのです。

やるなら「今！」その成功も失敗もすべて宝物。

やるなら「今！」やらないと他の誰かが先に行く。

やるなら「今！」どうせなら最初が気持ちいい。

やるなら「今！」悩むよりやってみる、なんとかなる。

やるなら「今！」フラれる心配より告白できる喜びがいい。

やるなら「今！」世界の行きたい場所へ旅してみる。

やるなら「今！」生きている時間はあっという間に過去になる。

人生の岐路に立った時、進むべきか止まるべきかと悩んだ時、やるなら「今！」と何度も心の中で叫んでみてください。

あなたが今できること、今やりたいことが心の中に浮かんできます。

その後は、一分一秒も惜しむ気持ちで、どんどん前に歩いてください。

今やると決めたあなたの歩いた道の後に、多くの人が続いて大きな道になっていくのです。

どんな時も！
不安な気持ちが
湧いてきた時こそ
言ってみる
いってきます!!
行ってみる
やってみる！

第三章

仕事の間をどう生きるか

言ってみる、行ってみる、やってみる

私は、高校・大学とアルバイトを掛け持ちしてお金を貯め卒業しました。本屋、売り子、レストラン、販促、配達、放送局等、いろいろなバイトを経験しました。そのアルバイトで学んだのが、「どのようにして商品を魅力的に勧めるか」「どのようにしてお客様の心を引き寄せるか」「どのようにしてお客様に喜んでもらうか」毎日のように「どのようにして……」と考えていました。

私のアイデアで、お客様の笑顔を見るのがすごく楽しかったからです。

そこで学んだことは、とにかく「言ってみる、行ってみる、やってみる」ことが大事ということです。

広告代理店に就職した私は、誰も手をつけていない大学広告を提案しました。「新人のつくった企画なんて、できっこないだろう」と疑いの目で見られながらも、リストに挙げた大学を片端から営業して回りました。しかし、女性ということもマイナスに働いてうまくいきません。

最後の望みを託した母校の理事長が「面白い企画だね、この企画の着眼点がいい、うちも考えようと思っていた、でもどうしていいか分からなかったから、参考になったよ」と興味を示してくれました。

「お付き合いのないうちに、よく営業に来たね、勇気がいったでしょう」

「私の信条は、言ってみる、行ってみる、やってみる、なんです」

「ほぉ、言ってみる、行ってみる、やってみる。どのような意味なんだい」と理事長が興味を示してくれました。

「言葉に出して言ってみる、とにかく出向いて行ってみる、そして、即行動のやってみる。私が勝手に作った言葉なんです」と答えました。

難しいことにチャレンジしていると、不安で押しつぶされそうなことがあります。その時は「言ってみる、行ってみる、やってみる」を心の中で三回繰り返し唱えてみてください。立ちはだかっていたはずの壁がすーっと消えていくはずです。

石橋を叩く前に渡り切る

私の人生には様々な転機がありました。
その悩んだ時に背中を押してくれた言葉の一つが「石橋を叩く前に渡り切る」で、
この言葉は、私にいつも前に踏み出す勇気をくれました。
子供を抱えて離婚を決断した時
お金もないのに販促ＰＲ会社を起業した時
無謀といわれても売り込みに行った時
経験もないのにＴＶドラマの脚本を書いてみた時
創業した会社をすっきりきっぱり引退した時

七十歳から「おせっかいのススメ」を始めて本を書こうとする時
一般社団法人おせっかい協会をエイや！　とつくる決断をした時
この悩んで立ち止まっている時に「石橋を叩く前に渡り切る」の言葉を繰り返すと、前に踏み出せる勇気が出たのです。

いつの時代も、人と人との信頼があって人間関係は成り立ってきています。

ネットやスマホが登場した便利な時代になっても、信頼関係があって成立するのが仕事なのです。


だから私はいつも言います。

「会いたい人がいるなら、会える方法を探してみよう」

「できない理由を探すより、できる理由を探してみよう」

「行動すれば、人生が楽しくなる、何かが開ける」

「失うことなんて、もともと何もない」

「言ってみる、行ってみる、やってみる」

さぁ、石橋を叩く前に渡り切りましょう、渡り切った先に、何かが見えてくるはずです。

頭を光らせる前に、足を光らせる

私の家で開催するセミナーに、多くの若者がよく参加してきます。
彼らの話には、実に多くの横文字が飛び交います。
彼らの横文字会話は、私にはチンプンカンプンです。
自分の意のままにＩＴを使いこなす若者に質問したことがあります。

「どうしてそんなにも使えるの？　どこかで習ったの？」

「小学生の時からパソコンやスマホを使っていますから、自然と覚えました」

小学生の頃から日常的に使ってきた若者にはかないません。

でも若者を見ていると一つ心配事があるのです。

それは「足を光らせていないこと」です。

ある社長が「若手社員は、私が到底かなわないスピードで、パソコンを使い、企画書もどんどん作ってお客様に送ってアプローチしているんだ、すごいスキルだなと感心しているよ。

でも、肝心の商談自体は成立しないんだ。せっかくスキルはあるのに、メールを送っただけで仕事をした気になっている感じかな。案件はメールで対処しましたからと、なかなかお客様のところに営業しに行かないんだ」と嘆いていました。

営業は今も昔も変わりません。お客様の心を開かないと財布は開かないのです。

頭を光らせてばかりいませんか？

机に向かう時間の半分でも、足を光らせてみませんか？

お客様は、足を光らせてやってくるあなたから買いたいと言ってくれるのです。

人を通してビジネスを

中野のワンルームから始まった私の会社は、おせっかい営業の成果で業績が伸び、社員も増えていきました。

そんな時、こんなことがありました。

ある社員が、仕事のノウハウを経験し、業績を上げ、自信がついて独立したのです。

私は、独立することを応援しようというスタンスです。

社員が夢を追いかけて巣立っていくほど喜ばしいことはないからです。

でも、その社員は、社会の倫理に反することをしてしまいました。

私たちの会社のお得意様に、会社のありもしない悪評を語り、業績不安材料を口にし、自分がつくった新会社なら、そのようなことはなく仕事をこなしていきます……と。

業界は狭いですから、こうした話は瞬く間に広がります。

特にネガティブなニュースの拡散は早いのです。

その噂話を鎮めるために出向いたお得意様の社長からこのようなことを言われました。

「その社員のことは心配することはない、無視すればいい。

私は、高橋さんを信用して仕事をしている、高橋さんの会社だから安心して任せている。

他の社長も同じ気持ちのはずだ。

だいたい、お世話になった高橋さんや会社の悪評を語る人は人間として信用ならない」

その時、私は「ありがとうございます」と頭を下げながら泣いていました。

改めて「ビジネスは人と人の間の信用で成り立っている」と感じた瞬間でした。

「人を通してビジネスを」。この言葉をあなたの心に刻んでください。

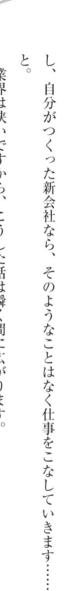

コネはなくても行動力、常識がなくても情熱、知識がなくても知恵がある

就活に悩む学生たちの話を聞いて、なんて覇気がないのだろうと悲しくなりました。
「コネのある人はいいよな……」（みんな納得して頷《うなず》いている）
「一流大学から決まっていくから、私はダメね……」（諦めムードになっている）
「自己アピールできるような取り柄がないし……」（完全に自己否定・戦意消失の状態）
そして、私のことを拝むような目で見てきます。
「創業者で人脈も広そうだから雇ってもらえるような会社を紹介してもらえませんか

……」と。

私は「ガツン」と言います。

「私が人事担当者だったら、絶対に雇いません。

私が雇いたい人はコネがないならコネをつくる行動を起こした人。

常識がなくてもやりたいことを情熱を持って実現しようとした人。

知識がなくても知恵を絞ってカタチにしようとした人。

この三つのタイプなら雇いたいと思います」

これは、就活でも、営業の世界でも同じです。

「コネ・常識・知識」の自縛に囚《とら》われていると、前に進めない魅力のない人になってしまいます。

逆に「行動力・情熱・知恵」のある人は、キラキラ輝く人に映ります。

私は、同じ商品を買うのなら、キラキラ輝く魅力のある人から買いたいと思います。

その方が幸せを感じるからです。

あなたは、キラキラ輝く種を必ず持っています。そこを磨けば魅力がある人になれます。

「かんじょう」には「勘定」と「感情」があります。人の心を動かすのは「勘定」ではなく「感情」です

人は「感情」の生き物だと思っています。

かんじょうという言葉には「感情」と「勘定」があります。

ビジネスの世界ではもちろん「勘定」が大切ですが、「勘定」の前にもっと大切なものがあるのです。

それが「感情」です。

人が気持ち良く仕事ができるのも、お客様がお財布からお金を出すのも、すべて「感情」に訴えた結果なのです。

「心を動かすことができれば、なんでもできる」

これは私の経験から確信を持って言えることです。

人の心を動かすものは何かといえば、おせっかいと思われるほどの情熱と行動です。

私は物を売るセールスプロモーションの仕事をしてきました。

新製品が出ると「私に売らせてください」とアプローチしてきました。

たとえアポイントを断られても、会社の受付まで行き「お顔を拝見したく伺いました」と言いました。何度でも何度でも出向きました。

相手には「おせっかいな営業がまた来たか」と思われたかもしれません、でも、全身全霊相手に会いたいと強く願っているなら、心を動かされない人はきっといません。

その姿勢が相手の印象に残り、やがて「高橋さんの情熱に負けたよ、話を聞くよ」と言ってもらえ、ビジネスにつながっていったことがありました。

メールを一本打つより会いに行くという具体的な行動を起こしましょう。

五十二枚のトランプには、四枚のエースがある

何回営業しても、成果が全く出てこない。
こういう時に「もういいや」と諦めてしまっていませんか?
私は営業の極意を聞かれた時に「五十二枚のトランプには、四枚のエースがある」という話をしています（ジョーカーを除いたキングまでの五十二枚）。
営業の面白さは、成果がなかなか出てこなくても「次こそは！」と思って続けてい

ると、五十二枚のトランプと同じで、四十八枚目から四枚連続でエースが出る、といったことが現実に起こるところにあります。

なにしろ営業という仕事は、毎回、契約が取れるわけではありません。

十人に会って、一つでも色良い返事がもらえればラッキーという世界です。

時には今の自分の行動が回りまわって三年後に契約につながる、といったこともあるだけに、何が成功で何が失敗だったかという結論がすぐに出るものでもありません。

だからこそ、十人の人に断られても「十一人目に会えば、今度こそいけるかも」と思える前向きさが大切なのです。

断られても、失敗しても、命を失うわけではありません。

「失敗は成功のもと」という言葉の通り、失敗はあくまでも成功までの通過点の一つです。

営業がうまくいかなくて凹《へこ》んでも、エイヤっと勇気を出してまた一歩を踏み出してみることで、エースを引き当てる確率がグンとアップするのです。

営業はトランプと同じです。四枚のエースは必ずあるのです。

そのエースを引き当てるのは、諦めなかったあなたです。

思い込みは、前向きな気持ちの活力源

私は「思い込み」の即速行動で、契約を取ってきた案件がいくつもあります。

そうなのです。思い込みほど大切なものはありません。

「よし、これはいけるぞ」「絶対会ってくれる」と思い込んだ瞬間から、前向きな気持ちが生まれ、即速行動に移れるのです。

もちろん、いつもこんなにうまくいくわけではありません。

でも、契約へのハードルが高いなと感じた場合は、その時は「絶対会う！」という、その目標だけは果たそうと決め、何度も電話を掛け「一度お顔を拝見したいです」とアプローチをしました。

あれこれ考えて尻込みして、なかなか行動に移せない方が少なくありません。

でも、どんなに考えても、答えなど自分には分からないのです。

行動する前は「自分はこの仕事で最初に何を必ずやり遂げるか」を明確にできれば十分です。

その覚悟を行動に移す知恵を考え、それを絶対にやり遂げるのです。

最後までやり抜くことを継続していくと、ふっと相手が微笑んでくれることがあります。

すると相手が微笑んでいる間に、二度目のチャンスをもらえることがあります。

そのチャンスを絶対に逃さないためにも、目標を想定してこまめに立てていきます。

「絶対会う」、次は「情熱で売り込む」、そして「絶対仕事をもらう」と思い込んでいけば、お客様は、あなたを受け入れてくれます。

思い込みから始まる一歩こそが、結局は大きな成功への近道なのです。

34 その日のうちのお礼状

地方営業に行った帰りの新幹線の中で、やることはいつも決まっていました。

お会いした方々に向けて、新幹線の車内でお礼状を書くのです。

東京駅に着くころにはすべての方に書き終えて、その日のうちにポストに投函していました。

そのため、私のバッグには、いつもこの「お礼状4点セット」が入っています。
・自分の名前・住所を印刷したはがき
・記念切手シート
・宛名シール
・ペン

「今日はありがとうございました。この度は突然の訪問で申し訳ありませんでした。○○様にお会いできて本当に感謝いたします。今後ともよろしくお願いいたします」

このように書いて、東京駅からはがきを出していたのです。

新幹線の中で書けば、揺れで字も歪《ゆが》んでしまいますが、気にしません。

大切なのは「お会いできてうれしかった」「ありがとうございます」という感謝の気持ちを、一刻も早く伝えること。美しい文字を書くことでも、凝った文章を書くことでもないからです。

「どういう文面にしよう」「汚い字だから恥ずかしい」「この手紙を見たら相手はどう思うだろう」

こんなふうに悩んでいる時間があったら、すぐにお礼状を出してしまいましょう。

その人に会った時の感動や感謝、うれしさなど、気持ちがフレッシュなうちに書くからこそ、行間にあなたの心が入ります。だから、受け取った相手もうれしくなるのです。

そしてこんな時代だからこそ、メールより手書きの文字がもたらす効果は絶大です。ぜひ「その日のうちのお礼状」を実践してみてくださいね。

見返りを求めない、損得を考えない、おせっかい行動が受注につながる

すごい営業マンの話を聞きました。

自動車会社の営業マンで、車の話をしないで、トップセールスを十年間続けたというのです。

話がうまく、雄弁なのかというとそうでもないのです。

ご本人は「自分は朴訥《ぼくとつ》で、人見知りで、話下手なのです、営業には向かないなと思っていました」と認めているくらいです。

その極意を知りたいと思いませんか。私も興味津々です。

魔法のような営業トークをするのかと思っていたら、

「お客様の話をよく聞くことです。そして、お客様が困っていらっしゃることを、

なんとか解決するように動いたことです。私はただそれをしてきただけです」

この話を聞いて、私は、妙に納得しました。

これは営業でもビジネスでも、人と人との間でも、すべてに相手の心を開く極意です。

「相手の話を聞く、困っていることを解決する行動をする」ことを心がけて、自分の仕事の範疇《はんちゅう》を超えてまで、困っていることを解決するためのおせっかい行動をする方が身近にいたら、私は即その人のファンになってしまいます。

トップセールスを十年も続けられることは、人と人との間に強い絆ができたからなんです。

その絆によりお客様は自然と継続して車を買い、友人たちを紹介します。すると、その友人がまた友達を紹介して、その結果継続してトップセールスに輝くのです。

「見返りを求めない、損得を考えない、おせっかい行動が受注につながる」

この言葉を心に刻んで、商品やプロジェクトの話よりも、とにかくお客様の話を聞いてください。そして、困っていることを解決するおせっかい行動をしてください。

後から成績がついてきます。

目配り、気配り、心配り

「ここまでやってくれたのか、ありがとう」とお客様に喜んでもらえることが、この仕事を完遂してよかったなあと、自分を褒める瞬間です。

仕事は一つひとつがまったく別物です。

同じ場所で同じ内容のイベントをしていても、前日とは来場者が違い、天気が違い、雰囲気も違います。

そこで必要なのが「目配り、気配り、心配り」です。

この心構えがあることで、お客様が「迷う、不安になる」ことを事前に回避するこ

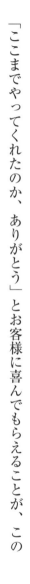

とができます。

営業でもそうです。毎日同じ商品の営業に出かけても、お客様に合わせて「目配り、気配り、心配り」をしなくてはいけません。

そうしないと「また、同じ話か、聞き飽きた」とお客様の心があなたから離れていきます。

仕事の多くは誰でもできるものです。

そこで違いを生み出すのは、誰よりも心を込めて、相手のことを思いながらやっているかどうかの姿勢です。

物を売る前に、相手のことを知り、相手のことを思い、相手の利になることを考えてください。

誰よりも心を込めて話を聞いて、そして話をしてください。

そうすると相手は自然と「あなたから買いたい」「あなたを信じる」という気持ちを抱いてくれるでしょう。

「誰よりも心を込める」ことは、お客様にとっても、うれしいことなのです。

そのお客様の「うれしい」気持ちが積み重なって、営業は成り立っているのです。

37

理屈より直感を信じて動くほうが成功する

営業には、直感力がとても大事。
「どうしようかな。やめとこうかな。直感では、このお客様はいけそうなんだけど確実ってわけじゃないし……」と悩んでいると、チャンスを逃してしまいます。
人の心は移ろいやすいものです、アプローチするタイミングが少しずれるだけで、「よく考えたら今は必要ないや」と断られます。

こうした直感力を身につけるには、ひたすら行動して経験を積むしかありません。

私が公私にわたりアドバイスをしてきた高級外車ディーラーのトップ営業の女性も、経験を積むにつれ直感力が磨かれたと言います。

先日も、点検にいらしたお客様とのゴルフ談義で、「友人がゴルフに行くのに今の車が狭いと言っていた」と聞いた瞬間、直感が働いて「紹介してくださいよ」と軽いノリでお願いしてみたそうです。

すると数日後、そのお客様から電話があってゴルフ帰りに来店されて、五分で商談がまとまったと言います。

まさにこれが直感です。「あっ！」とひらめいたら、即、行動に移してみる。

それを繰り返していけば、あなたにも必ず直感力が身につきます。

実は人間には、もともとかなり精度の高い直感力が備わっているのだそうです。

あなたの直感は、ほぼほぼ正しいのですから、自信を持って直感に従って決断してください。

直感に自信が持てないという人は、とにかく行動し、直感力を磨き上げていきましょう。

言い訳の天才より、できる訳の天才になる

いろんなタイプの営業さんから相談を受けて思うのは、みんな言い訳がとても上手なこと。


「お客様が話を聞いてくれない。自分にはもう無理なんです」

「やろうと思っていたけど、忙しくって」

「上司が何もアドバイスしてくれないから」

「恵さんは特別な人だから、自分には無理」

「自分はどうせこの程度だから、努力してもムダ」などなど。

「言い訳のバーゲンセール！」「言い訳の天才！」と感心しました。

でも、これってすべて「できない言い訳」ばかりです。

私が思うに、できると思ったら、人間はなんだってできます。

「○○だからできない」という言い訳を先に持ってくるからできないだけなんです。

考えなければいけないのは「できる理由」なのです。

とにかく「言い訳の天才を脱するのは、できる訳の天才になる」しかないのです。

どうすればできるのか、それを考えるクセをつけましょう。

初めて本を出した時も、おせっかい協会の仲間たちと、電車の中で本を外に出して手に持ったり、読んだりして、表紙を周囲に見せて宣伝する活動をしていました。

これだって、二十人でやれば、一車両につき百人×二十人＝二千人もの人たちに告知できるのです。電車で出会った人たちは「みんなやたらこの本を持っているな、今人気なのか」と思ったと思います。

私はいつもこんなふうに「次は何をしようかな♪」とできる訳を楽しく考えました。

「言い訳の天才よりできる訳の天才」になってください。営業が楽しくなります。

常識がなくてもいい、情熱があればいい

常識に囚《とら》われていたら、他の人と同じか、それ以下の成果しか得られません。頭をもっと柔らかくして「売れないなら、売れる方法が他にないか」と考えていけば、他とは違った「目のつけどころ」を持つことができます。

私は意外な場所で商品を売ったこともあります。

知り合いの社長から「どうしても女性用かつらが売れない」と相談を持ちかけられました。

その社長は「これからは女性用かつらの時代だ。女性たちが自由に髪型を変えて楽しむ時代が来る」と会社を興したものの、売れ行きが今一つだというのです。

当時は、人前でかぶって試すのは恥ずかしいという女性が多かったのです。

そこで私は「分かりました。百個貸してください」と申し出て、かつらを置いてく

れそうな展示会場を探し出しました。

たまたまそこの受付の女性は、清楚なイメージがするサラサラのロングヘアだったので、私は「ショートヘアのかつらで変身してもらおう！」と直感が働き、思い切って、「トイレでサンプルを見てみませんか？」と誘いました。すると、彼女は興味を示してトイレについてきてくれました。

鏡があるトイレは立派な試着室です。

あれこれかぶってもらったら、受付の彼女のイメージは一変、ショートヘアで小悪魔風に、ウルフヘアーでワイルドにと、素敵に変身を遂げました。

「かわいい」「似合う」と褒めていたら、トイレに入ってくる女性たちが興味を示し出しました。

次々と試着を始めます。最終的にそこで十数個売れました。

この日から、私は丸の内や銀座、新宿などのオフィスビルを訪問して「トイレ作戦」を決行。

二か月後には完売を果たしました。

トイレ作戦は常識破りの行動ですが、人間はやろうと思ったらできるのです。

いかに「へぇー、面白そう。私もほしい！」とお客様に思ってもらえるアイデアを粘り強く考えられるか、それが営業としての「腕」と「情熱」の見せどころです。

思い立ったら即速行動

仕事で成功するのは「即速行動」「即速即決」タイプの人。
私は今まで「即行動」をモットーにしてきました。
しかし、今はこのモットー止まりでは時代のスピードについていけないことに気がつきました。

メールやＳＮＳが普及している世の中では、「即行動」をさらにスピードアップした「思い立ったら即速行動」が成功を引き寄せるとモットーを進化させました。

私が営業の経験で悟ったのは、営業の持つ不思議な法則です。

「このお客さんにアポイントを取ろうと思ってたけど。明日でいっか」という先延ばしタイプの営業さんには、なぜか「もっといい商品が出てきそうだから、今は決められない」というなかなか決められない先延ばしタイプのお客様が集まります。

逆に「紹介してもらったお客様に、すぐアポイント取っちゃおう」という即速行動のタイプの営業さんには、不思議と「あなたは信頼できる、あなたから買うよ」という即速即決タイプのお客様が集まるのです。

仕事だけじゃなく、人生でも学校でも部活でも「即速行動」は大切です。

先延ばしの人が立ち止まっている間に、即速行動した人は、成功や失敗を積み重ね、どんどん結果を出して、自分のスキルを高めているのです。

「いつか」「今度」と思っていると、二度とチャンスはやってきません。

「思い立ったら即速行動」の心構えで、何が何でも、あと回しにしない！

その姿勢が大きなチャンスを呼び込むのです。

損得勘定抜きにして、一つのことに真剣に取り組むことです

現代は「成功しなくてはいけない」「失敗してはいけない」と、とかく結果が問われる窮屈な世の中になっています。
SNSでは匿名をいいことにささいなことへのバッシングが止まりません。
他人の行動を批判して、制限をかけていく世の中で、人々はミスを犯さないことに

必死になって、ミスをしない生き方に閉じこもってしまっています。

だから私は声を大にして言いたいのです。

「気にしなくていいのです、失敗したっていいんです。それもまた、大きな宝です」と。


人生の良否は、成功の数、失敗の数で決まるものではありません。

ビジネスも、同じです。

大切なのは、一つの仕事に真剣に取り組んだかどうかなのです。

目先の損得勘定を抜きにして、何にでも真剣に取り組めば、結婚生活、子育て、転職、起業、今の仕事も必ず好転していきます。

仕事では毎日いろいろなことが起こります。

仕事に悩み、不安を抱えていても、周りの目から逃げることなく、まずは自分の心と真剣に向き合ってみてください。

そうすれば、何が悩みや不安の種になっているのか、その姿が見えてきます。

すると、周りの目から逃れるように閉じこもっていた心が解放されていきます。

もう一度チャレンジする意欲も湧いてきます。

相手のために「なんとかしなくちゃ」が成功を引き寄せる

周囲の人を喜ばせようとすると、考え方も行動も、すべてポジティブになっていきます。

相手のために「なんとかしなくちゃ」の行動が、当たり前にできるようになってくると、周囲の人も、あなたの姿を応援してくれるようになります。

ここがとても大事なことなのですが、周囲の人が自分を応援してくれることで、自

分だけでは今までできなかったことまで、できるようになります。

ずっとやりたかったことが、ちょっとした縁でできるようになる。

大きな仕事を任せてもらえるようになる。

自分では見つけられなかったおいしいものや面白いものに出会うことができる。

その効用は、無限大です。

いい応援の連鎖の循環ができていって、自分も周りも人生がどんどん充実して、毎日が楽しく、エネルギーに満ちた日々を送れるようになるのです。

相手のために「なんとかしなくちゃ」のおせっかいが、自分のためだけに生きているよりも周りを巻き込んだいい結果を生みます。

たとえ、うまくいかない時だって、周囲の人が応援してくれれば、一人で苦しみ悩むよりも何倍も気が楽です。そのうち周りの人の応援と知恵を借りて状況を好転させることができるでしょう。

少し厳しい言い方になりますが、「思ったようにうまくいかないことが多い」という人は、自分のことばかり考えているからうまくいかないのかもしれません。

あなたの精いっぱいの力を周りの人のために生かすことをおすすめします。

43

一つの宝の陰に五つの宝が眠っている

老舗メーカーの社長室での話です。

知人の紹介で、会社案内を持って老舗の社長室を伺いました。

老舗だけあってすべてが重厚でした。社長も大きなソファに深く腰掛け、じろりと私に目を向け「うむ」と言ったきりで、まるで「ゴッドファーザー」の映画の雰囲気でした。

面談は重々しい雰囲気のままで、気後れしてしまい、用意したメディアとコラボする斬新なキャンペーン企画もプレゼンできないまま終わってしまいました。

帰り際、社長が手紙の封を切る時に誤って指先を切ってしまったようでした。

重厚な社長室の扉を閉めると同時に私は、薬局を探して駆け込み、「消毒液とばんそうこうをください」と購入し、急いで社長室に戻りました。ティッシュで指先を巻いていた社長は、「また何しに来た」と、ジロリと私を一瞥《いちべつ》しましたが、私は「社長、これを使ってください、消毒液とばんそうこうです」と、大きなデスクの上に紙袋を置いて「失礼しました」と言ってすぐに社長室を出ました。

後日、社長の秘書から電話が来ました。

「社長が、先日のお礼をしたいと言っています、一度いらしていただけませんか」ということでした。

「先日はありがとう、企画書を置いていく来客はたくさんいるけど、消毒液とばんそうこうを置いていったのは君が初めてだ。あはは」

私は、社長の笑い声を初めて聞きました。

そして、そのご縁から継続的に仕事をいただく長いお付き合いとなりました。

営業を心を込めてやっていくと一つの宝がやってきます。その陰には五つの宝が待っています。

そう思って、最初の一つ目の宝を、私のようなおせっかい営業で探し出してください。

44

頼まれていないことまでやると心に残る

長い付き合いを生むには「心に残る人になる」ことです。

もしあなたが「自分はこれだけやったから、これだけのお金をもらえなければ損だ」という考えを持っていたら捨ててください。この考え方では、トップセールスになるのは困難です。

なぜかというと、営業という仕事には波があるからです。

誰でも一度は「売れて売れてしょうがない」という時期があります。

若さやフレッシュさが武器になることもあれば、未開拓エリアを担当して自然と受注が集まることもあるでしょう。

でも、こうした理由でのお客様の反応は一時的なことなのです。

新鮮味が薄れた後は、いかにお客様と強いつながりをつくれているかがものを言います。強いつながりは、損得を考えず、相手に頼まれた以上の成果を出すことでしか生まれません。

あなたも、もっともらしく「トクな話です」と近づいてくる人間は警戒しませんか。それよりも「そんなに自分のことを考えてくれているのか！」という見返りを求めない行動が、人の心を動かすのです。

販促PR会社時代の私は、テレビや新聞、雑誌の記者さんたちと親しくしていました。忙しい記者さんたちですので、「引っ越しを考えているけれど、なかなか不動産屋に行く時間がなくて」と漏らす人が少なくありませんでした。

そこで「それなら私が」と、代わりに家探しをしたことがあります。

たったそれだけのことなのに「えっ本当に探してくれたの？」と驚き、喜ぶ顔を見ることができるのが私の楽しみでもありました。

振り返ってみると、「頼まれたこと以上」というより「頼まれていないこと」までしていました。

こうした行動が、必ず仕事につながったかといえば、そんなことはありませんが、ただ「心に残る人」となって長い付き合いに結び付きました。

年を重ねるほど心の扱い方と笑顔の扱い方が分かってくる

孔子は「七十にして心の欲するところに従えども、矩《のり》を踰《こ》えず」（七十歳になって自分の心の思うままに行動しても人の道に外れなくなった）と残しています。

思わずうなずいてしまう言葉です。

私は、「年を重ねると肉体は衰えますが、心は若返ります」と伝えています。

事実私は、六十歳の時よりも、考え方も、心も若返ったと思っています。

それに合わせて行動も若返りました、全国を講演し、ラジオにもテレビにも出てい

ます。毎日シャンプーしているからフケないのです（笑）。

「恵さんの若返りのコツは何ですか」と聞かれると「病院より美容院」「年取るのやめました」と、前筆した私のお気に入りのフレーズを言って笑いを取ります。

そして言うのです「若返りの秘訣は今のように笑うことなんです」と。

「笑い」には、面白いから笑う、悲しみを忘れるために笑う、頑張るために笑う……などなどいろいろな表情があります。

その笑いの表情を創っていくのが「心の扱い」なのです。

若い時は「心のままに」感情を表してきました。でも、年を重ねるごとに「心の扱い方」が分かってきて、どんなにつらい時も、悲しいお別れも、笑いという形に昇華して自分の心の元気のエネルギーに変えてきたのです。

人生は笑っていれば、何だって乗り越えられます。

人生は笑っていれば、心は若返るのです。

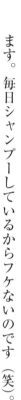

千年でも万年でも待ちますから一度会ってください

「千年でも万年でも待ちますから、一度会ってください」これは私の魔法の営業トークです。

私が販促PR会社を起ち上げたばかりの時は、電話をかけても「必要ない」「つき合いのある広告会社がある」と、会ってすらもらえないことの連続でした。

でも、ここで諦めていたら営業とは言えません。

自社を売り込むからには、まず絶対に相手に会っていただかなくてはなりません。

私は「会っていただく」ことを目標に、とある会社に照準を定め、広告宣伝課に電話をしたことがあります。

相手の企業は超大手、やはりつれない返事でした。

しかし、どうしても諦めきれなかった私は、もう一度広告宣伝課に電話をしたのです。

すると、ラッキーなことに電話に出たのは先ほどと同じ担当者でした。

その時、私の口を突いて出たのが「千年でも万年でも待ちますから、一度会ってください」という言葉です。

相手の方はくすっと笑い、「僕のほうがそんなに待てないよ」と言って、実際に会ってくださることになったのです。

とはいえ、もちろん、いつもこんなにうまくいくわけではありません。

でも、その時は「会う！」と決めたからには絶対に会うという、その目標だけは果たそうと決めていました。

いざという時、あれこれ考えて尻込みして、なかなか行動に移せない方が少なくありません。でも、どんなに考えても、先の結果なんて分からないのです。

「自分は何を必ずやるのか」を明確にし、すぐ行動に移す。そしてそれを絶対にやり遂げると決めれば、道は開けるのです。

47

人生最後の言葉に
その人の魂がこもる。
どんな言葉を残したいですか

私の半生を描いた未完の創文「中野ワンルーム物語」の私の人生最後の夢物語シーンです。

ワクワクにぎやかが大好きだった恵のお葬式は、まるでお祭り盆踊り会場のにぎやかさに包まれていた。

持ち寄りの料理の屋台に歓声があがり、大道芸からお笑い、おせっかいの歌、おせっかい音頭での盆踊り、お迎えに来た天使トッケビさえも踊っていた。

天へ旅立つワクワクお葬式パーティーが大盛り上がりをしている中、恵は、寝ている棺の中で「私の人生の最後の挨拶」について考えていた。

そして、旅立ちの時が来て恵の挨拶が始まった。

「みなさん、私の天への旅立ちに集まってくれてありがとう。

おせっかい仲間、そして、世界各地から駆け付けてきてくれた紫式部ちゃん、坂本龍馬さん、勝海舟さん、西郷隆盛さん、渋沢栄一さん、みんな、みんなありがとう。

私はこれから天におせっかいを広めに旅立ちます。

現世での私の人生はどん底這い上がりのフルコースでした。そのフルコースは楽しかったです。

特におせっかいの仲間との第二の青春は、最高でした。

現世のおせっかいは皆さんに託します。

私は天の世界でおせっかいして、皆さんを待っています。また会いましょう。

心からありがとう、いってきます」

夢物語のシーンですが、たぶん私はこんな挨拶の言葉を残すだろうなと思います。

人生最後の言葉を想像すると、現世でやりたいことがもっと湧き上がります。

ワクワクする最後の言葉のために、今をワクワクして生き抜いてください。

理想のパートナーなら
希望を全て叶えてくれる！
幸せになれる！
イケメン
…と思うかもしれませんが
人間は神様では
ありません！
全知全能
God
「そんな人はいない」
と思っていたほうが
上手くいく
相手に頼りすぎず
思いやりを持ち
時に歩み寄りながら
ありがとう♡
お互い様の気持ちで
コミュニケーションを
とることが大切な
ポイントです♡

第四章

恋愛の間をどう生きるか

人間は神様ではない。希望をすべて叶えてくれる人はいないと思っていたほうがうまくいく

私は恋愛も、結婚も素敵なことだと思っています。
だから二回も結婚したのです（笑）。
ただ、理想のパートナーさえいれば幸せになれるとは限りません。
なぜならパートナーが理想通りのお金持ちであっても、パートナーが理想通り人に誇れる仕事をしていようとも、パートナーがあなたを幸せにしてくれるものではない

からです。

どんな環境でも自分の幸せは自分でつかむものなのです。

そのことを常に心に刻んでおくことです。どれほどの地位や名誉を持った人でも、あなたの理想を百%叶えてはくれません。

欲しいものをパートナーに依存していては、結局、理想との間でないものねだりとなってしまい、パートナーに不満を持ってしまいます。

そして、その不満をパートナーは瞬時に感じてしまいます。

「私に惚れているから、なんでも聞いてくれるわ」「理想的な相手は、常に私にとって理想的なお付き合いをするものよ」と思っていると別れの未来が待ち受けています。

理想を押しつけていけば、相手にはどんどん負担になっていき、当初の理想的な関係が崩れ始めます。

そのうちパートナーのちょっとした言動も許せなくなっていき、心のすれ違いが起きます。

最初から人間は神様ではない、自然体で付き合っていこうと思ったほうがうまくいくのです。

いい人はやめる。その瞬間から本当の魅力が出てくる

いい人を演じても、いい人にはなれません。それは本当のあなたではないからです。

いい人を演ずるとは、自分に自信がない裏返しで、いい人になろうと仮面を被ることなのです。

恋愛で最初に仮面を被ると、ずーっと被らなくてはいけなくなります。

それが続くと、今度は、仮面であることがばれるのを恐れて、仮面の上にまた仮面を被ることになります。

それを断ち切るには、いい人の仮面をやめることです。

仮面を取ってしまうと、その瞬間から、あなたの本当の魅力が相手に伝わります。

仮面があって恋愛がうまくいっていたと思っていたあなたは、最初はすごく不安があると思います。

でもずっと仮面のままで、いつばれるかと戦々恐々としているよりは、いい人をやめたほうが楽になります。

仮面を取ったあなた本来の魅力を感じ、あなたを好きになってくれる人は必ずいます。

そして、いい人をやめたあなたを好きになってくれた人を、大切にしていくことです。

あなたが、大切にしたい人を大切にすると、相手もあなたを大切にしてくれます。

本来恋愛とは、そういうものです。

いい人の仮面がなくても、大切にしたい人を大切に思う気持ちがあれば、あなたの魅力となって相手の心に届きます。

仮面を取ったあなたの笑顔を、喜んでくれる人がいる。

その人をずっと大切にしていくほうが、あなたの恋愛を、人生を魅力的にしていくのです。

恋愛に見返りは求めない

恋愛は実に不思議な鏡を持っています。
あなたが大きな愛で包むと、相手も大きな愛で包んでくれます。
あなたが大きな優しさで包むと、相手も大きな優しさで包んでくれます。
でもこの鏡は正直ですから、いいことだけではありません。
あなたが値踏みを始めると相手も値踏みを始めます。
あなたが疑い出すと相手も疑い始めるのです。

そして、あなたが見返りを求めると相手も見返りを求めるのです。

恋愛の鏡は、今あなたが思っていることを、相手も同じく思うように伝えていくのです。

今の恋愛を大切に育んでいこうとするなら、相手に見返りを求めてはいけません。

「こんなに尽くしたのに……」と、彼と喧嘩して私への恋愛相談で泣いた方がいます。

私もどちらかというとおせっかいなくらい尽くすタイプだったので分からないではないのですが、彼女は彼に「結婚」という人生で一番大事な大きな見返りを求めていたのです。

私はその彼女に、恋愛の鏡の話をしました。

「あなたが思っている見返りは、恋愛の鏡によって相手の心にお見通しなのです。だから彼は負担になってストレスになってしまったのです。

あなた自身が描いている彼との生活をいったん封印して、二人で正直に話し合って二人で未来を描いてみたらいい」と。

その後、笑顔になった彼女が「二人で将来のことを話したら、同じように考えていた」と私の大好きなモンブランケーキを持って報告しに来てくれました。

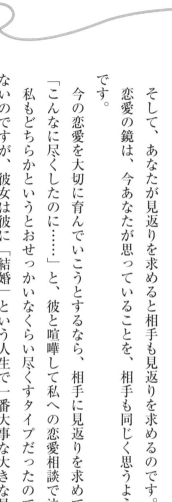

自分の「好き」「嫌い」を言葉に出してください。好きなものが集まってきます

私は気持ちをため込めることが下手です。

「好きなものは好き」「欲しいものは欲しい」とすぐに言ってしまいます。

日本人の美徳に「奥ゆかしさ」があります。

「嫌いなものだけど、相手に悪いから好きだと言おう」

それは相手の気持ちを慮る心の素晴らしい美徳です。

でも、気を使って遠慮ばかりしていると心が疲れます。

恋愛の間では「奥ゆかしさ」ばかりだと、お互いに相手の本心の探り合いとなり、心が疲れてしまいます。

恋愛には「心の探り〝愛〟はいらない」のです。

もしお相手と結婚したりすれば、人生ずっと一緒です。

恋愛の時点から、自分の心をお相手に知ってもらっておくほうが、一生付き合える方かどうかが、明確に分かります。

実は離婚には「結婚したら、お相手の本性が見えた」との原因が多いのです。

恋愛の時から「好きなものは好き」「嫌いなものは嫌い」と言葉にしてください。

お相手とそのように気を使わないで、お互いの希望を言い合いましょうと約束するのもいいです。

そうすると、お互いの好きなことが集まってきます。好きなことがどんどんできるようになります。恋愛に疲れることがなくなります。

恋愛は、お互いに思ったことを言葉にして、一緒に行動すれば、どんどん楽しくなります。

自分は自分でいいのだ、他人は他人でいいのだ、と認めたほうが、付き合いが楽しくなる

恋愛は、この広い世界の中で、まったく違う環境で人生を歩んできた、他人との出会いから始まります。

ですから相手を自分のカタチに合わせることはもともと無理な話です。

カタチに合わせようとすればするほど「この恋愛は私の望んでいたものだろうか」と、「恋愛疑問符」がたくさん出てきます。

「恋愛疑問符」が一つでも出ると、それはどんどん増殖していってしまいます。

その増殖を止める処方箋は「相手は相手でいい」「自分は自分でいい」と認めることです。

そうすることで、相手の良いところが発見できるようになります。

それは鏡のように連鎖し、相手もあなたの良いところに目を向けるようになるのです。

恋愛で付きものの「自分の仮面」「自分の見得」「自分の損得」の心をすべて断捨離して、相手とデートしてみてください。

今まであなたのフィルターに覆われて見えてこなかった相手の良さや優しさがどんどん見えてくるようになります。

恋愛がどんどん楽しくなります。

次の計画もワクワクして話し合いながら立てられるようになります。

互いをありのままに認めることで、恋愛を心のままに楽しんでください。

相手を想う気持ちが、しあわせを呼ぶ

究極のところ恋愛は「相手を想う気持ちがしあわせを呼ぶ」のです。

「相手を想う気持ちとは、相手に尽くすのとは違うのですか」と質問を受けたことがあります。

私の答えは「尽くす気持ち」と「想う気持ち」はまったくの別物です。

尽くすとは、心の奥底に見返りを期待しているのです。

「売れない時にこれだけ尽くしたのに、秘密をばくろしてやる」とよく芸能ネタになるのは、だいたいがこの「尽くす」姿勢がエスカレートしたパターンです。

相手に尽くすという請求書を送って、入金を待っているのと同じなのです。

想うとは、究極の愛です。

そこに見返りはありません、好きな人を一心に想い続ける。ただそれだけです。

一心に想い続けると、それだけで、あなたの心はしあわせに満たされ、魅力となって表れます。

恋する人は美しいと言われるのは、一心に想い続けている魅力の表れなのです。

逆に尽くしていたのでは、外見に疲労感が出てきます。

今、あなたの恋愛はどちらですか?

尽くすタイプの恋愛をしていると気づいたら、尽くすのをやめてみてください。

なぜなら、しあわせを呼ばない恋愛だからです。

お相手が、それで冷めたり、去って行ったりしたら、それまでのことだったのです。

恋愛で一番大事なのは、一心に想い続けることのできるお相手と寄り添うことです。

恋人の値踏みはブーメラン。相手も値踏みし始めている

脳科学にミラー効果というものがあるのだそうです。
素晴らしい映画を観ると、自分もそのヒーローになった気分になるような効果です。
人と人との間にもそのミラー効果が生じます。
素晴らしい人と出会うと、自分のモチベーションが上がってその人に近づいた感じ

がする。

愛情たっぷりの人と付き合うと愛情が溢れ出る気持ちになる。

相手の行動を鏡のように自分にオーバーラップすることから名付けられたのがミラー効果です。

これは、良い効果だけでなく悪い効果も映し出します。

あなたが心の中で、お相手の値踏みを始めると、それは相手に瞬時に伝わります。

そして、同じように、お相手があなたを値踏みし始めるのです。

私はこれを「値踏みブーメラン」と読んでいます。

あなたが投げた「値踏みブーメラン」は、結局自分に返ってくるのです。

この「値踏みブーメラン」が頻繁に飛び交うようになれば、疑心暗鬼になって恋愛は破綻《はたん》します。

それを断ち切るには、スタートラインに戻ることです。

値踏みブーメランを投げる前に戻り、経済力も、仕事も、どうでもいいと割り切って、お相手の人間力が好きかどうかで判断してみてください。

そうすると、お相手もあなたの人間力を好きと言ってくれます。

結婚を目的に恋愛すると あなたの目が曇ります

離婚を経験した私に向かって「恵さん、結婚したいのよ、どうしたらいいい」とおせっかい仲間のいつものボヤキです。

その時の私の答えは「結婚は勢い、したい時にすればいいい。人生一回きりだから良い経験よ。ダメな時は別れればいいい」。

そうなのです。「結婚は勢い」で成就するものなのです。

恋愛の初めは、お付き合いするワクワク感で、心からお互いの愛を確かめ合っていました。

その期間が続いてくると「この人とどうしても一緒にいたい、結婚したい」という勢いが生まれ結婚の運びとなるのです。

これがしあわせを呼ぶ勢いなのです。

ところが、私のところに「しあわせを呼ばない結婚をやめたい」という離婚相談がありました。

よくよく話を聞くと、結婚を前提にお相手を探し、結婚を前提にお付き合いをして、めでたく半年後に結婚して家庭を持っている方です。

結婚を目的に探したお相手は、高学歴、尊敬される仕事、高収入で、完璧なタイプです。

最初は自分の理想を手に入れたとすごくときめいたそうです。

三年後の今、無口なロボットと暮らしているようだと嘆いています。

原因は、恋愛の時からお互いに結婚前提という仮面を被っていたからです。

本当の姿が見えなかった、見せなかったことにあります。

結婚を考えているあなた、目の曇りを取って、自他ともに本当の姿を見つめ直してくださいね。

56 恋愛は行くもやめるも、きっぱりと決断

またまた「ガツン!」と言います。

「恋愛でくよくよと悩む時間あったら、きっぱりと決断しなさい!」

青春は、人生の容量の大半を占める貴重な時間です。

相手に振り回されるだけの恋愛に、その青春の時間を費やしているあなたの姿を見て思わず出た言葉です。

恋愛は楽しく、濃密な時間です。

お相手ともっと濃密に付き合いたいという、「行く決断」をしているなら背中を押します。

でも、くよくよ悩む恋愛に立ち止まっているなら「やめる決断」をきっぱりとしなさいと言います。

そのような決断をきっぱりと下すことができたら、あなたの心は爽快になるはずです。

そして、そのあなたの良いところを、よく分かってくれる人が必ず現れます。

しあわせを呼び込むのは、自分の決断次第です。

恋愛の岐路に立った時は、行くもやめるも決断しなくてはいけないのです。

その時機を逃してしまうと、しあわせは隠れてしまいます。

決断を下すと、今までの自分は何だったのだろうかと思えるほど爽快になります。

すっきりします。

そして、次に一歩踏み出す勇気が出ます。

それがあなたの魅力を倍増させるのです、その魅力にしあわせは引き寄せられます。

男はロマン！
ムキッ
ザザーー
女はフマン！
互いに話し合えれば
ちょうどいい夫婦

第五章

夫婦の間を
どう生きるか

男はロマン、女はフマン、互いに話し合えればちょうどいい夫婦

「男はロマン、女はフマン」

この言葉に頷《うなず》いてしまいました。夫婦生活を見事に言い表しています。

実はこの「男はロマン、女はフマン（不満）」の現象がなぜ起こるのかと脳科学の世界で解明が進んでいるそうです。

そこで判明したのが驚愕《きょうがく》の事実。
①「女性脳」は右脳と左脳とをつなぐ脳梁《のうりょう》（太い神経）のニューロン数が「男性脳」

より四倍も多い。

②「女性脳」の言語中枢ニューロン数は「男性脳」より十一％多い。

この研究から「女性は感情を処理するために八車線のスーパーハイウェイを持っている、男性は狭い田舎の一本道だ」と著名な脳医学の博士は言っています。

「女性脳」が「男性脳」よりはるかに共感能力と社会適応、全体把握、課題抽出、解決判断等の能力に優れるのは、太古から「子供・家族を育て守ることに特化」して進化したからです。

一方、「男性脳」は太古の昔から空腹を満たすためや力を誇示するために、一直線に敵や獣に向かっていきました。昔も今も単純だったんです。

男が「男のロマンだ」といって、自分の趣味や遊びに一直線に走るのが分かる気がします。それを見た、家族、家庭を守る能力に優れた女には「女のフマン」がたまるのも分かります。

男と女の性能の違いなのですから、その性能の差を認めつつ、あとは「せめてここまではやってよ」とお互いに話し合って、「夫婦の間のロマンとフマンのバランス」を取っていってください。

58

結婚の時は夢見の勢い、離婚の時は解放の勢い

私の交流会は、結婚を願う恋愛相談、離婚を願う断捨離相談になったりします。

時には、同じ日に開催される世代を越えたおせっかいの交流会の中で、結婚と離婚が同時の話題になることがあります。

その時は、結婚の先輩が悩みの相談に答え、場合によっては背中を押したり、引いたりします。

片や、離婚経験者がその経験から、いかに後腐れなく結婚生活を断捨離できるか、慰謝料や子供の親権をどのようにしたかなどを伝授していきます。

おせっかい仲間たちが、結婚と離婚に悩む参加者たちに対し、自分たちの経験から

それぞれにアドバイスしている姿を見ていると、自宅を開放しておせっかい交流会を開催してよかったなぁと思うのです。

そんな中で皆さんの話を聞いてノートにメモした言葉が「結婚の時は夢見の勢い、離婚の時は解放の勢い」という文字です。

結婚をこれからしていきたいという若い女性の目は、恋人とつくる未来への希望に美しく輝いています。

では、離婚をこれからしていく奥様の目は……というと、夫から解放された自分の人生にワクワクして目が美しく輝いています。

どちらも不安や乗り越える壁がありますが、それらを払拭《ふっしょく》する希望の目をしているのです。

結婚と離婚は、人生を前に進める覚悟の素なのです。

大切なのは、あなた自身が「結婚したいのか」「離婚したいのか」を、とことん自分の心に問いかけてみることです。

そうすると、あなたの人生を前に進める決意が見えてきます。

夫を放し飼い、その気概で人生楽しめる

夫に期待すると不平が出ます。

夫を放し飼いにしていると思うと不平は出ません。

それくらいの気概を持って、夫に接していると、夫が家事をせず、ごみを出さなくても、洗濯物を畳まなくても、給料さえ持って帰ってくれれば、あとはどうということもありません。

実は、夫本人も、口うるさく言われるより気が楽になり、むしろ家事を手伝うようになる、という調査も出ています。これは私もなんとなく分かります。

「放し飼い効果」は、何も家庭だけのことではありません。会社でも必要です。

就業規則や慣習でがちがちに縛りつける会社は成長しません。

社員を伸び伸びと放し飼いにして、自由な創造、非効率だけど心をつかむおせっかい営業をどんどん奨励するほうが会社の成長は加速します。

そして、経営者・管理職のストレスも減ります。笑顔に満ちた会社となります。

夫の放し飼い効果もまったくそれと同じなのです。

笑顔がたくさん生まれる家庭に生まれ変わります。

夫の放し飼い効果は、もう一つあります。

相手を放し飼いにすると、あなたも放し飼いにされます。

干渉しなくなると干渉されなくなるのです、あなたはこれで好きなことができるのです。

夫を放し飼いにして、あなたの自由な人生を取り戻してください。

離婚は、新たな青春のスタートライン

「離婚することに罪悪感を持たないでください。私は何も悪くないと開き直ってください。そして、『新たな青春のスタートだ』くらいの前向きな心で、無理してでも前を向いていてください」

離婚を経験している私に言わせると、この気持ちを持ち続けることで前に進めます。

離婚することに世間体とか不安で躊躇《ちゅうちょ》している奥様をこのように励ましています。

離婚はすると決めてからが大変なのです。どうしても心に重荷がかかってきます。

いくら心に覚悟を決めても、相手があることですから、一筋縄ではいきません。

また、長年一緒に暮らしてきた相手だけに情があることも決心を鈍らせます。

離婚に揺れ動く奥様が、私のところに相談に来ました。

結婚して三年、旦那さんは一流大学を出て、大学で教鞭《きょうべん》をとっているエリートです。

奥様は友達からも「いい人と出会ったわね」と祝福されて結婚しました。

ところが、旦那さんは外面は良くても家庭ではパワハラ、モラハラがあったのです。

「俺の言うこと以外するな」「家庭にいろ」と干渉、干渉の日々。さすがに耐え切れず実家に避難しました。するとそこにも夫が現れて連れ戻そうとします。

お腹には赤ちゃんが宿っていたのです。

見かねた私は、知り合いの弁護士を頼み、間に入ってもらい、彼女を保護しました。

その後、離婚するまで一年かかりました。

今は、実家で母子ともに元気で、新たな青春を過ごしています。

離婚することで人生がダメになるなんて思わないでください。

「新たな青春」をこれからスタートさせる気持ちで離婚に取り組んでください。

輝く妻に、夫も子供も二度惚れる

有名な漫談師のネタのようですが、心理学でも同じようなことが言われています。妻も、夫も、子供も、それぞれに輝きがあれば、惚れ直しで危機を脱することができるのです。

「輝き」と書くと「輝きを出すのは、相当難しいのでは？」と思うかもしれませんが、実は難しいことではありません。一言で言えば「趣味に一所懸命に挑戦している姿」です。

恋愛でも夫婦でも相談の中で出てくるキーワードに「ときめきが感じられない」があります。

相談者によーく話を伺っていくと、相談者自身に「打ち込める趣味」がないことが分かります。

そして、夫にも、子供にも同じ傾向があります。

趣味を家族や仲間と楽しんでいる人は、夫婦ともに実にキラキラしています。

逆に、趣味なく、日々孤独の世界にいる方は、輝きを失い、大丈夫かなと心配してしまいます。

そういう方におすすめしているのは「参加する趣味」です。

「趣味を習う」と思うと選んでいるうちに面倒になって、それで終わってしまいます。

でも、「参加する趣味」ならば、とにかく様々なことに顔を出すだけでいいのです。

あなたの趣味は何ですかと聞かれたら、「参加するのが趣味です」と答えてみてください。多くの方が「どんな趣味に参加してきたのですか」と話を聞きたがります。

「参加してきた趣味」について夫婦や家族で話してみてください。

知らない世界に会話が弾んでいきます。

「何に参加すればいいか分からない」という方は、まず手始めに、おせっかい協会の活動に気軽に参加してみてください。大歓迎します。

62

家を守るより人生を創るほうが、楽しい夫婦になれる

またまたガツンと書きます。

夫婦の悩み相談に来た奥様にこのようなことを言いました。

「家を守らなくていいんだ。世間体を気にするとか、周りに合わせようとか、いいかっこしようとか、皆やめちゃえばスッキリする」

「大事なのは、旦那の個性、子供の個性を尊重して、お互い自由に楽しもうと意識を変え、人生を創ることに力を注ぐこと。そうすれば肩の力も抜けて楽しい夫婦にな

る」と。

自由奔放に生きてきた私からすると、その奥様の話は、奥様が定める夫婦と家庭の枠の中に、旦那と子供をギューギューと押し込もうとしている感じがしたのです。

これでは旦那も子供も息苦しくなるし、互いにストレスが溜まって、ささいなことで喧嘩が始まるだろうなと思いました。

この対処法は「奥様の定める枠を取っ払って、楽しい人生を創ろう」と意識を変えることです。

そして、奥様が笑顔になることです。はじめのうちは、無理しても笑顔になってください。

いつも怒られてカチンとなっていた子供も、家に帰りたがらない旦那も、奥様が笑顔なら少しずつ安心して家に帰ってきます、食卓を囲むようになります。

その後は、人生を創る楽しい企画をみんなで立てるのです。

家族旅行、家族外食、家族買い物……。

あなたがこれまでやりたかったことを、どんどん実現していくのです、ワクワクしませんか。

ありがとう、おいしい、おつかれさま、夫婦の三種の魔法の言葉

「そりゃ、夫婦でも他人だと思えばちょっとしたアラも許せるわ。でも、夫婦の間にも礼儀がある。ありがとうぐらい言ってほしいわ」と夫への怒りの相談。

その気持ちはすごく分かります。

無言の旦那さんでは、奥様のモチベーションがどんどん下がっていきます。

夫婦の三種の言葉

「ありがとう」
「おいしい」
「おつかれさま」

この言葉は、言ったほうも、言われたほうも、心が晴れる感謝の言葉なのです。

お茶を持ってきてもらったら「ありがとう」
料理を食べたら「おいしい」
一日の終わりに「おつかれさま」

無言の旦那さんでも、この三つの言葉くらいはしゃべれると思います。

この三種の言葉には、魔法の力が宿っています。

「ありがとう」と言ってもらうと、次も頑張ろうという気持ちになります。
「おいしい」と言ってもらうと、明日の料理は何にしようかと考えるようになります。
「おつかれさま」と言ってもらうと、愛されていると実感します。

会話がなくなった夫婦の一番の解決は、まずはこの三種の言葉を言い合うことです。

そこから、会話再開の糸口となることもあります。

親の子供時代と
願いましては～～
パチ
パチ
パチン
パチッ
パチン
パチン
子供の『今』は
good morning!
別次元!!
比べちゃダメよ～!

第六章
親子の間をどう生きるか

皆さんに知っていただきたい親子のあり方を考える素晴らしい詩があります。
ぜひ読んでいただきたいです。

樋口了一さんの「手紙〜親愛なる子供たちへ〜」＝歌
（高橋恵の朗読はユーチューブで！）

年老いた私が　ある日　今までの私と違っていたとしても
どうかそのままの私のことを理解して欲しい
私が服の上に食べ物をこぼしても　靴ひもを結び忘れても
あなたに色んなことを教えたように見守って欲しい
あなたと話す時　同じ話を何度も何度も繰り返しても
その結末をどうかさえぎらずにうなずいて欲しい
あなたにせがまれて繰り返し読んだ絵本のあたたかな結末は
いつも同じでも私の心を平和にしてくれた
悲しい事ではないんだ　消えて去ってゆくように見える私の心へと
励ましのまなざしを向けて欲しい
（中略）
私の姿を見て悲しんだり　自分が無力だと思わないで欲しい

あなたを抱きしめる力がないのを知るのはつらい事だけと
私を理解して支えてくれる心だけを持っていて欲しい
きっとそれだけでそれだけで　私には勇気がわいてくるのです
あなたの人生の始まりに私がしっかりと付き添ったように
私の人生の終わりに少しだけ付き添って欲しい
あなたが生まれてくれたことで私が受けた多くの喜びと
あなたに対する変わらぬ愛を持って笑顔で答えたい
私の子供たちへ
愛する子供たちへ

日本語訳詩・角智織／日本語補足詩・樋口了一

この歌は、もともとポルトガル語で書かれた歌詞を訳したもの（作者不詳）だそうです。この詩の一行一行に、変わりゆく親子関係の中でも、変わらない愛情を思い出させてくれています。

様々な親子事情や介護の問題等、簡単には片づけられない悩みはあります。でも、たまにでもいいですから電話一本でも、手紙一通でも出してあげてください。そのちょっとしたつながりが心の愛情を伝え合うきっかけとなるのです。親へ注いだ愛情は、必ず自分のもとへ、そして、子供へ、帰ってくるのです。親への感謝、子への愛情は、人間関係の基本にして、最も大切なことの一つです。

親の子供時代と子供の今は別次元

親の子供時代と今の子供の時代とでは、二十年以上の差があります。二十年のうちに起こるライフスタイルの変化は、とんでもなく大きいものがあります。

私が子供のころは、戦後すぐですから何もない時代でした。

青春時代に、ようやくテレビが普及して、グループサウンズブームが起きました。

社会人になったころは、高度成長期でディスコブームが起こり世の中がイケイケの時代でした。私のライフスタイル価値基準は、この時代がベースとなっています。

私の子供たちの時代は、カラーテレビも当然のようにあり、パソコンも出始めたころに生まれました。

孫たちは、スマホ、タブレット、ＳＮＳが普及し、情報を得るだけでなく、発信する側となれる時代を過ごしています。

子供たちとの二十年、孫たちとの四十年の間に、世の中の進歩がものすごいスピードで起こりました。まさに子供の時代は別次元、孫の時代はさらに別々次元です。

親子の悩みを相談されると私は「親の子供時代の価値観をベースに注意してもダメですよ」と言っています。お母さんはハッとして子供との時代のずれを認識します。

なぜなら「親の子供時代と子供の今は別次元」。二十年の時代の差があるのですから。このことを意識することで、子供の今の時代の悩みにもっと寄り添うことができるのです。

一方で、時代を越えて普遍の親子の価値感があります。

親の子を思う愛情と子が親を思う愛情です。

この二つの愛情のありようは、どんなに時代が進化しても人間として変わることはありません。

その心根を基に、子供たちには、「人を愛する、周りを愛する」ことの大切さを伝えてください。

心根の優しい子に育つと、自然とその先に素敵な人生が開けていきます。

65

親のこころ子知らず、子のこころ親知らず、孫のこころ共に知らず

「ママには本当に悪いと思うのよ。でもママが思うほど私はママのことを思っていないからね」

昔、子供に言われたこの言葉は、今でも私の心に格言として刻まれています。

格言と書いたのは、この言葉をきっかけにして、親子のあり方を考えることになったからです。

親の愛情を感じて子供が期待に応えようとするのは小学校くらいまで。

思春期を過ぎ自我が目覚めると、親の愛情は感じていても、期待はどこ吹く風となって自分の世界をつくっていきます。

子離れ親離れと言いますが、子供の親離れのほうが確実に先のような気がします。親は愛情の裏返しで、心配しすぎて、口うるさく、あれやこれやと注意してしまいます。

子供にとっては、小学生のころから何度も言われてきていることを、十代半ばくらいになっても言われ続けるのには辟易《へきえき》してしまいます。

子供にしたら「もう子供じゃないんだから」「とっくに成長しているのだから」と反発して、先の言葉となってしまいます。

今、私の子供は二児の母となっています。

私の時と同じく、母の愛情から子供にいろいろと口うるさく注意しても、子供はクールな反応しかしないと嘆いています。

孫がかわいい私も、ときどき孫の進路や生活についてアドバイスしてしまいます。同じくクールな反応で、孫たちは自分自身で生きる道を模索し続けています。

「子供のこころ、孫のこころ、共に知らず」が我が家の二世代の伝統なのかもしれません。それでも「愛している、信じている」とだけは、いつも口に出して伝えるようにしています。

全力で信じてあげれば、親も子も変わっていく

親と子供の間に必要なのは、「愛情」と「信頼」です。

親としては子供と同じ目線で、目を見て「あなたを絶対に信じている」「愛している」と言ってあげるのです。

私の母は、いつも私の目を見て「私はあなたを絶対に信じている」と言ってくれていました。

そうすることで、子供の中には親に対する揺るぎない安心感や信頼感が生まれてくるのです。

きちんと食事を作ってあげることも大切です。

「食」という字は人を良くすると書きます。

どんなに忙しくても子供には自らの手で食事を作って食べさせてあげることで、愛情が伝わっていくのです。

今の時代、共稼ぎの家庭も多いですから、毎日とは言いません、せめて休みの日には、一緒に買い物に行って、子供の食べたいものを一緒に作るなど、さりげなく愛情を料理で表現しましょう。

そして、目を見て「いつもあなたを信じている（愛している）」ということを言い続けていれば、やがて子供にも愛情と信頼を理解してもらえる日がやってきます。

子供にとっては、親が愛情と信頼を感じる一番最初の人なのです。

これをきちんと子供に伝えていくことができれば、子供は自然と理解し、成長していってくれます。

そして、親から信頼と愛情をたっぷり注がれてきた子供は、大人になった時、家族や周りの人を愛する、信頼する人に育ちます。

「愛している」「信じている」は、プライスレスですから、言い続けてください。

子供の心に「愛情」と「信頼」が貯金されていきます。

子供は放し飼いでも、しっかり育つ

二人の娘を育ててみて分かったことがあります。

子供を育てる時は、親がいろいろ言いすぎてもやりすぎてもいけません。

ある程度、子供に自由にやらせてあげることが大切です。

ただ、なんでもかんでも子供のやりたいように自由にさせればいいというわけでもありません。

例えば、命の危険や善悪など教えるべき重要なことは最低限教えておかなければなりません。要所は押さえつつも、それ以外はなるべく子供の自由にやらせてあげるさじ加減が必要です。

私はこのような育て方を「放し飼い」と呼んでいます。

子供を放し飼いで育てていくと、自分でいろいろなことを経験して責任感なども生まれ、そのうちしっかりしてくるものなのです。

この話をすると、放し飼いと放任主義をよく混同されてしまうのですが、両者は似て非なるものです。

放任主義は、子供を甘やかせて好き勝手にやらせるだけで、わがままな子供に育ってしまいます。

一方、放し飼いでは、重要なことはきちんと教えていきます。

例えば、人の物を盗ってはいけない、ウソをついてはいけないなど、善悪に関することをはじめ、人としてやっていいこととやってはいけないことなど、基本的なことは教えていくのです。

その上で、子供に干渉せずに自由にやらせてあげるのです。

そうすることで、子供はいろいろなことを経験して人間的に成長していきます。

その成長のスピードは親が思っているもずっと速く、親が知らないうちにとても成長してしまうものなのです。

親の役目は褒めること、背中を押すこと

「子供は褒めて、背中を押す」ことでどんどん伸びる。

私は子育てや起業を経験していることもあり、親と子の間をどう生きるか、どう接すればいいいかについて聞かれることがよくあります。

私は経験からシンプルに即答します。

「怒らないで、とにかく褒めること、背中を押すことです」と。

特に、子供は親の背中を見て育ちます。

大人の良い感情も悪い感情もよく見ています。

大人のように豊富な言葉で説明はできなくても、良い感情はちゃんと心で分かっています。

逆に言えば、大人の悪い感情だって分かってしまうのです。

考えてみると、私自身、母に一度、人として大切なことを忘れたために、強く叱られたことがありました。でも、それ以外は基本的には褒められて育ちました。

姉は本当に勉強のできる人で、私は勉強が苦手でした。

けれど、母は姉と私を勉強のできで比較しようとせず、

「あなたにはあなたのいいところがいっぱいある」と褒めてくれました。

私は母を裏切ってはいけないと、心のどこかで正しくブレーキをかけながら生きてきました。

子供は母の褒め言葉を裏切ってはいけないと、期待に応えようと自然と自分を律することができるのだと思います。

ですから、あれはダメ、これはダメ、といった言い方をするのではなく、

「母は、こうしてほしい」と願うことを伝え、後は母の頑張る背中を見せればいいのです。

愛情は
心の成長の栄養素。
いつでも
愛情栄養の処方ができる

「愛情は心の成長の栄養素」なのです。
愛情の栄養素をたくさん処方されてきた人は、他人を愛《いと》しみ、自分を愛しみ、社会を愛しむことができます。
逆に愛情の栄養素が足りない人は、他人を恨み、自分を恨み、社会を恨むことになります。

子供のころからの愛情が足りなかったから、こんな今になったんだと自分を責め、未来を諦めないでください。

愛情は栄養素ですから、愛情を自分自身で処方していけばいいのです。

愛情栄養の処方の仕方は、

他人を愛しむおせっかいをすることです。

自分を愛しむおせっかいをすることです。

社会を愛しむおせっかいをすることです。

この三つを日々心がけて行動すれば、これまで不足していた愛情栄養素が、どんどん心に満ち溢れていきます。

愛情栄養素の増加は、不思議なことに、今までぎくしゃくしていた親子の関係、夫婦の関係、友達関係、会社の関係、世間との関係……すべての関係に好転をもたらします。

それは、世の中すべてが愛情栄養素を求めているために、あなたの溢れ出る愛情栄養素が周りの心を変えていくからです。

親の言葉が子供の人間力となる

お母さんにガツン！　と言います。
とある教育関係の会合で聞いた話です。
新人の先生が担任になると「あーっ、ハズレた」「ちょっと、頼りなさそう」などと、不平不満を子供の前でいう方が多いと聞いてびっくりしました。

不平不満は誰にでもあります。親同士なら口に出してもいいかもしれません。でも子供の前では言ってはいけません。

私の時代の先生は勉強を教えてくれる尊敬に値する人であり、憧れでした。

親たちも先生のことを褒めて「先生の言うことをよく聞きなさい」と言いました。

いつも先生のいいところを褒めている親を見て育ったので、私は、人のいいところを褒めるのが普通のことなんだと思っていました。

それが身について、人のいいところを褒めるのが私の人間力となったと思っています。

子供の前で先生への不満を言うことで、親が言っているのだからと子供は先生を小バカにするようになります。

ましてや、その不平不満を言うことが当たり前になってしまうと、将来の人間力の崩壊に結び付いてしまいます。

「親の言葉が、子供の人間力となる」

この言葉を、子供と会話する時に思い出してください。

学校からの呼び出しは、子供の成長を知る機会

学校からの呼び出しはドキッとします、先生から何を言われるかハラハラします。

それだけに事前に子供に「何か迷惑をかけることをしたの！」と圧迫質問してしまいます。

親は迷惑をかけたから呼び出しがあったと思い込み、子供の話を聞かないまま学校に行き低姿勢で審判を待つのです。

もちろん学校という枠の中から逸脱したことをしたからこその呼び出しです。

先生との面談では、子供が何をしてしまったか、そして反省をしているのかと……。

私たち親子は神妙に説諭を受けます。

この時、子供が先生に答えた言葉に気づいたことがありました。

学校の呼び出しでの気づき　その一

校長に子供の前で私がお小言を言われた時のことです。

その時子供が「母が悪いのではなく私が悪いのです。母のことを叱らないでください」と校長に毅然《きぜん》と言ったのです。この言葉を聞いて感動しました。

学校の呼び出しでの気づき　その二

説諭の後に担任教師が私に、このように言ってくださいました。

「高校という枠の中では、はみ出しているお子さんですが、社会に出たら必ず優等生になります」と、それを子供に言ったらすごく喜びました。その後、その教師があるスポーツのプロになった時には、会社で真っ先にサポートを始めました。

それから学校からの呼び出しは、親の知らない子供の成長を見ることのできる機会と考えるようになりました。

ですから、学校からの呼び出しで、頭ごなしで子供を叱るのではなく、これも子供の成長を知る機会だととらえてください。

72 命にかかわることは真剣に怒る 小さなおせっかいは真剣に褒める

私たちが安全に暮らしていると思っているこの世は、実は、危険と隣り合わせです。大人になれば危険を回避する知恵を発揮することができますが、子供の場合はその経験がまだ備わっていません。

だからこそ「命にかかわる危険なことをしてはいけない」と真剣に怒る姿を見せることで、子供は「これは危険なことなんだ」と心に刻むと思うのです。

私は、今は運転免許を返納していますが、七十五歳くらいまでは車で移動していました。

長く運転しているとヒヤッとすることもありました。

一番多いのが子供の飛び出しです。

その時は「道路の飛び出しはダメ、道に出る時は一旦停止して左右確認だよ」と怒っていました。

今、子供の身近にある危険を真剣に子供に教えない親が多いのだそうです。危険なことを知らなければ、子供たちは危険を知らずに予測不能な行動をします。ご家庭で、命にかかわる危険なことについて真剣に話し合ってみてください。親の真剣さが伝わると、身近にある危険なことを回避する術を子供はずっと心に刻みます。

それとは逆に、子供が、おばあちゃんの荷物を持ったり、道を教えたり、ごみを拾ったり、小さなおせっかいをした場合は、ケーキを買ってきたり、好きなおかずを出してあげるなどして、心から「良いことをしたね、ママはうれしい、ありがとう」と言って褒めてあげましょう。

最近の子供は、ポイントを貯めるのが好きですから、小さなおせっかいポイント券を出して、それが貯まると欲しいものをプレゼントするのもいいかもしれません。子供の行為を真剣に褒めましょう。

親に真剣に怒られたこと、真剣に褒められたことは、大人になっても忘れないものです。

親子でいられる時間は、長いようで短い

あなたが親と一緒にいられる日にちを計算したことがありますか？

もしあなたが実家を離れ、都会で生活しているとします。

正月の三日間、お盆の三日間に実家に帰るとしたら、一年間に会えるのは六日間だけです。

あなたの親があと二十年生きるとしたら、親に会える日にちは二十年間で百二十日です。

そうです。たった百二十日なのです。

そして、この百二十日は、どんどん短くなっていくのです。

この数字を教えてくれたおせっかい仲間は、この計算をして「九十歳の親と会える日数はたった一けた台かあ……」と愕然《がくぜん》としたそうです。

それから、できるだけ会いに行ったり、ビデオチャットで孫たちと共に話したりと、親と交流する機会をつくったそうです。

それから三年、お亡くなりになったお母さんが、お世話していた姉にこう言ったそうです。

「家に寄り付かなくなっていた次男が来てくれて楽しかった。ずっと心配していたから、家族を持って楽しくやっている姿に安心した」

それを聞いた次男は「もっと早くから会いに行っていれば……」と後悔したそうです。

「親に孝行したい時には、親は亡《な》し」の言葉があるように、親が子供に会える時間、子供が親に会える時間には、共に限りがあります。

親と会える時間は毎日減っていくのです。

ご高齢であればなおさらです。後悔する前に会う機会をつくってみませんか。

親は、あなたを待っています。

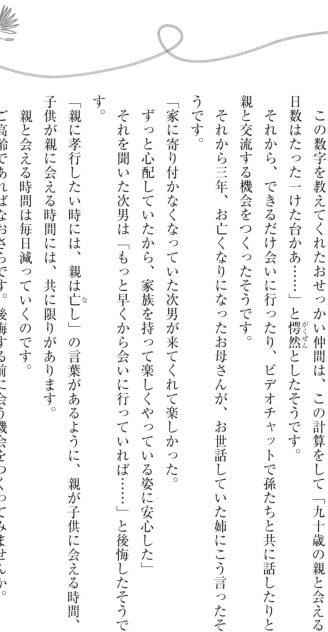

誕生日は親への感謝の日

親子の間でどう生きるかについて最後に、声を大にして「ガツン！」と言いたいことは、「誕生日は親へ感謝する日」であるということです。

親がいてあなたの命がこの世にあるのです。

そして、命が無事に育ってきた奇跡も、すべて親の愛情なのです。

親は何も一人でできない赤ちゃんだったあなたを、二十四時間、一所懸命に育ててくれました。そのことを、赤ちゃんだったあなたは知りません。

その親のすごさを知るのは、あなたが親になってからです。

私は自分の誕生日には、天に逝っている父と母に手を合わせ感謝の言葉を口にします。

「お父ちゃん、お母ちゃん、この世に恵を誕生させてくれてありがとう。

今、私は八十歳、毎日のおせっかい人生で楽しくやっています」と。

仮に様々な確執があったとしても、この世に命を授けてくれ、無事に育ててくれたのは親なのです。

あなたが今の人生を歩んでいるのも、この世に誕生した親からの誕生日プレゼントなのです。

あなたの誕生日は「親に感謝する日」にしてください。

言葉でいうのが今さら恥ずかしいのなら、手紙でもはがきでもいいのです。

あなたの感謝の言葉が、親の喜びとなるのです。

嫌なことは
5秒で忘れる
やなこと
♪~
さっ
さっ

!
良いことは
5秒で行動する!
サザ

第七章

悩みの間をどう生きるか

75

嫌なことは五秒で忘れる、良いことは五秒で行動する

私は「即速行動」をモットーにしています、そのタイムリミットは五秒です。

世の中には良いことよりも嫌なことに溢れています。

嫌なことに出合った時、下を向いて悩めば悩むほど、負の妖怪にどんどん引きずり込まれます。

だから声を大にして言いたいのです。「嫌なことは五秒で忘れる！」と。

そうです、とにかく忘れるのです。あなたが忘れた瞬間に、取り付いていた負の妖怪が「俺の餌はどこに消えたあ」と叫んで消滅します。

私のこれまでの人生にも不理屈で嫌なことはたくさんありました。

学校を出て就職した広告業界は男社会の典型で、いつも「女はお茶くみでもしていろ」とのけ者扱いされました。

女手一つで会社を立ち上げた時は「女の会社に何ができるんだ」と懐疑的に見られ、業績を伸ばすと「あの会社は……」と根も葉もない怪情報を流されもしました。

その時にどうしたんですかと聞かれると、「嫌なことは五秒で忘れました、良いことは五秒で行動したんです」と言います。

怪情報は、私の会社から円満に独立した社員から発信されたこともありました。

私の会社について流れていたその怪情報を心配してくれたお得意様の社長には即速行動で会いに行きました。

その社長は「私は怪情報に惑わされはしない。これからも恵さんの人柄と行動力と仕事をする」と笑顔で言ってくれました。

会社でも、家族でも、恋人や友達同士でも、嫌なことはたくさん起きます。

でも時間は止まってくれません、下を向いている時間はもったいないのです。

くよくよ考える前に「五秒で忘れて、五秒で行動してください」。新しい扉が開きます。

壁は自分の想像物、視点を変えれば消える

「苦しいです」「つらいです」「どうすればいいのでしょうか」と心の悩みを相談された時、私は「壁は自分の想像物、視点を変えれば消える」と答えます。
よく「越えられない壁はない」とスポーツのコーチは選手を叱咤《しった》激励します。
そして、その言葉に「日々の練習、努力が必ず報われる」と続けます。素晴らしい言葉ですが、今悩んでいる人に「日々の努力……」と言ったところで、「私の努力が

足りないんだ……」とよけいに落ち込ませてしまう気がします。

だから私は「壁が消える魔法の言葉」を教えます。


その一「壁は自分の想像物」

最初に、今ある壁は、自分がつくった壁だと意識します。周りから無理難題を言われてできたプレッシャーという壁は、実は自分が勝手につくった壁だと思うのです。

その二「視点を変える」

壁が自分の想像物なら、自分で消せるのです。そのためには、視点を変えることです。越えられない壁と恐れているのは、目の前にそびえる大きな壁を見上げているからなんです。鳥になって大空から壁を見れば大きな壁もただの一文字です。脇に移動して横から見れば壁もただの一枚板です。

そう、視点を変えれば恐怖の壁も一文字だったり、一枚板だったりするのです。

あなたの目の前の壁は、恐怖の壁ではありません、あなたの心の拳で突き破れる壁なのです。

「壁が消える魔法の言葉」を言って、右手に勇気、左手に情熱で壁を破壊してください。

77

難がない人生は無駄な人生、難がある人生は有難い人生

アメリカでは面接の話で、「あなたは、何度失敗しましたか」「あなたは、何度会社をつぶしましたか」と聞かれるそうです。

失敗したこと、そこから何を学んだか、それがその人の人間力を計るバロメーターだからです。

この話を聞いて妙に納得しました。

日本ではまず考えられません。

面接する側も、される側も、失敗は人生の失点と思っているからです。

だから、極力失敗しない道を歩くことが正しいと思っているのです。

失敗も苦労もない人生は、それはそれで平穏無事の悪くないものかもしれません。そのことを否定はしませんし、人生フルコースの私ですから、かつてはそういう道に憧れもありました。

でも、今は失点の多かった難ある人生を進んだことを有難く思っています。

私はフルコースの人生により、密度の濃い日常を過ごし、人と人との間の宝、絆をたくさん得たからです。

苦しい時に支えてくれた友達、苦しい時に体験した学びは、かけがえのない宝となっています。

あなたの魅力は、苦しい時にこそ磨かれ、深みが増すのです。

だから、失敗したからと落ち込んで、自暴自棄になり人生を棒に振らないでください。

人生の艱難辛苦《かんなんしんく》は、あなたの魅力を何倍にも輝かせているのです。

次の挑戦も自信を持って挑んでください。

失敗した分、次の挑戦では成功へと近づきます。それを繰り返せば、やがて目標が達成されるのです。

先入観より可能性

「先入観より可能性」

そう考えるようになった原体験は、十代の時にしていた非行少年の面倒を見るボランティア活動でした。

母子家庭で育った私は何も悪いことをしていないのに、当時は「母子家庭には非行少年や少女が多いね」という周りの目がありました。

「そんなことはない。絶対違う」ということを証明したくてこの活動をしていました。

ボランティア活動で出会った非行少年少女たちの話をよく聞いていると、とにかく周りの大人に恵まれていないこと、親からの愛情を十分に受けられず反発心から親に復讐するかのように悪いことを始める傾向がありました。

ただ、彼らも本心から悪いことをしたくてしているのではありません。

「孤独であることを分かってほしい」「自分のほうを見てほしい」と心の願いを発信

しているのです。

私も担当していた子に最初は無視されましたが、寄り添っているうちに徐々に身の上を話してくれるようになりました。

非行に走った原因は、ちょっとしたボタンのかけ違いでした。

「お前みたいなのはダメだ」「生きている価値がない」と言われ、心が曇ってしまったのです。

更正して社会に出て生活していく中でも、元非行少年の社会に対する先入観に悩まされ心が折れそうになっていました。

私は「この世に生まれてきたことにあなたの存在意味があるのだから、生きていいのよ」と何度も何度も励ましました。

その後、彼は、家庭を持ち、子供にも恵まれ、自分の経験を生かして非行少年のサポートをするボランティアをしています。

先入観で人を見るのは、自分の心を苦しめ、相手の心まで苦しめます。

この世に生まれてきた私たちは、皆役割を持っています。

だから相手の可能性を見つけて背中を押してあげましょう。

79

いつも頭で考えてばかりで心の声を無視するから、不安や不満が増えるのです

「頭で考えてばかりいると、迷路に引き寄せられます」

迷ってばかりで、なかなか行動に移せない人は、「エイっ！」と少し高くてもワクワクできるものを買ったり、面白そうな映画・演劇やコンサートの鑑賞に行ったり、新しいことを始めたりしてみてください。

新しい行動をどんどん積み重ねていけば気分が良くなります。

そして「こうなったらどうしよう」と後ろ向きな考えを繰り返したり、「今決断して失敗したら、どうしよう」とまだ起こっていない未来への不安で悩んだりすることがなくなります。

私はこのように考えています。「生きていれば、日々、失敗だらけ、どうってことない」。失敗しても当たり前なのだから、悩んでいても仕方がない。

次はどんなことをしようかと自分の心の声に聴いてみてください。

心の声にワクワクしたらそれを即速行動してみれば、今の苦しみから脱出できます。

何よりいいのは、古い失敗の記憶を、新しいワクワクが上書きしてくれること。

だから、ちょっとくらい嫌なことも、新しいことにチャレンジしているうちに、自ずと忘れてしまいます。

誰でも悩んでいる自分は嫌です。

心の声は、この不安や不満の迷路の中にいる状況をなんとかしたいと言っています。

新しいワクワクの風を心に取り入れていくことが、考え込みすぎているあなたの背中を押してくれるはずです。

悩みの九十%はどうでもいいことです。したいようにするだけ

「悩みの九十%はどうでもいいことです。したいようにするだけ、したいようにしなければ、後悔するだけ」

これは私が日々心がけている言葉です。

人と人の間、お金とお金の間、生きていく上では悩みのオンパレードです。

私の悩みの解消法は、「開き直り」にあります。

「悩みの九十%は、自分がつくり出したもの。どうでもいいこと」という開き直りです。

「自分がつくったものなら、自分の意思で消すこともできる」と開き直った瞬間に深刻に悩む時間がもったいないと、次の行動に移すことができます。

すると、それまで悩んできたことが過去の彼方に消えてしまったのです。

悩みの処方箋で有効なのはこの「開き直り」だと思っています。

開き直りにも様々な処方があります。

いじめの悩みには「俺は何も悪くない」というプライド型開き直り。

仕事のミスの悩みには「ミスしたのは確か、次から挽回だ」というやる気倍増型開き直り。

恋愛の悩みには「私が愛しているならなんとかなる」という自己完結型の開き直り。

お金の悩みには「大丈夫だ、金は天下の回りものだ」という楽天型開き直り。

開き直りのカタチはいろいろありますが、悩む時間はもったいない、したいようにするだけ、命があるだけめっけもん、あとはなんとかなると開き直れば、前に一歩踏み出せます。

81

さぁ、今日からは他人の声を卒業

他人の声を気にしすぎていませんか。
ご近所の声、同級生の声、仲間の声、上司の声、親の声、そして、ＳＮＳの声……。
皆さん他人の声を気にしすぎです。
ＳＮＳの声を気にしすぎて鬱《うつ》になり、命を絶った事件もあります。

そうしたニュースを聞くたびに、たった二%の誹謗《ひぼう》中傷を趣味としている輩《やから》のせいで、若い命を絶つことなどないのにと怒りさえ覚えます。

ネット上の誹謗中傷は二%の人たちが言っているにすぎないのです。

この人たちが、自己満足のために狂信的になって書き込むゲームをしているのです。

考え方を変えましょう。二%以外の九十八%の人たちは、あなたを肯定しているのです。あなたの味方なのです。

誹謗中傷は、何も恐れることはありません。

そう考えると、他人の声に惑わされてきたこれまでは、ごみ箱に捨てることができます。

私の場合も、会社がうまくいき始めた時、誹謗中傷、怪文書、足の引っ張り合いなど、いろいろありました。

でも「私は何も悪いことはしていない」と開き直り、いちいち相手にせず、仕事だけに驀進《ばくしん》してきました。

さあ、今日から他人の声を卒業です。自分の道を驀進してください。

ものの見方は一つじゃない。見方を変えると味方が増える

人生は、悩みのフルコースです。

悩まない日がないくらい、小さなことから大きなことまで悩みます。

特に人生を左右するくらい大きな岐路に立った時は、なかなか決断することができません。

決心がつかない時は、そこで立ち止まってください。

そして、三百六十度ぐるりと周りを見渡してください。

一本道を前を向いて走り続けている時に、一瞬立ち止まり、前後左右をぐるりと見回すと、新しい視点が発見できることがあります。

私は新しいプロジェクトを立ち上げる時に、この方法を使いました。

プロジェクトの方向性に迷いが生じた時も、一瞬立ち止まり三百六十度見渡してみました。

すると新しい視点が持て、見落としていたものが明らかになり、悩みの解消につながりました。

悩みの解消法に「三百六十度見渡し」をお勧めします。

なぜなら、ものの見方は一つではないからです。

その方法により一つしかないと思い込んでいた悩みの解消法が、実はいくつもあると気づけます。

そして、見方を変えると生まれる副産物があります。

見方を変えるたびに、悩みを解決する仲間（味方）が増えるのです。

「見方を変えると味方が増える」

ギャグのようですが、実際そうなのです、試してみてください。

周りはそう言うわね。でもあなたはどう思う

あなたの悩みの中にあなたはいません。

実は、悩んでいる時に頭をいっぱいにしているのは、周りの声や目ばかりです。

親に言われたこと、上司に言われたこと、恋人に言われたこと。

そればかりではありません。友達の目、世間の目、ネットの書き込み……など、周りを気にして悩んでいるのです。

自分のことで悩んでいても、実は周りの言葉や目を気にしているのです。

そこには一番大切な自分自身の声がありません。

悩み始めたら、真っ先にすることは、周りの声をシャットアウトすることです。

そして、「周りはいろいろと言っているけど、自分はどう思うのか」と心に聞いてください。

周りからどう見られるかと気にすることがなくなり、自分自身の悩みに真っ向から向き合うことができます。

即速行動の私が悩んだ時は「私は、どうしたい？」と心に聞いて「よしやろう」と五秒で行動に移します。

あなたの一度の人生、本当に大事なことは自分自身しか分かりません。

周りの声は、背中を押す歓声だと思ってください。

悩んだら、もう一人の自分と対話してください

悩んでいる時は、周りが見えません。

その時は世の中の悩みを、自分一人で背負い込んでいるような苦しみに襲われています。

「どうして分かってくれないのだろう」「どうしてうまくいかないのだろう」とどうして、どうしてを繰り返す「どうして病」にかかってしまっています。

「どうして病」にかかってしまったら、一度目を閉じてください。

そして、もう一人の自分と対話するのです。

「どうして病になってしまったのか」と。

もう一人の自分と対話すると、もう一人の自分は冷静になって「どうして病」の原因を分析してくれます。

流行《はや》りのAI風で言うと、自分のアバターと対話するのです。

まずは自分のアバターの姿をイメージしてみてください。

そして、そのアバターと今の悩みについて対話してみてください。

自分のアバターとの対話では、意外と本音の対話ができると思います。

自分「今、どうして分かってくれないのかと悩んでいる」

アバター「すべての人にカッコつけなくていいんじゃない」

自分「え、それはそうなんだけど」

アバター「見てる人は見てくれている、それでいいんだよ、はい、悩み解消」

自分のアバターだけに、頭の回転と決断は即速です。

自分のアバターとは、本音の対話ができると思います。

いつの時代も最強なのは、自分を信じている人

「自分を信じている人は、鋼《はがね》のように強く、しなやかでかっこいい」

本当にそう思います。

私が出会った自分を信じている人たちは、

一、堂々としている
一、余裕がある
一、ユーモアがある
一、いつも謙虚
一、姿勢が良い

仕事の時も、おせっかい協会の活動の時も、自分を信じている方は、心配り、気配りを忘れず、私の話も、相手の話も一所懸命に聞いてくれます。

未来のことは誰も分かりません。どこかに不安の種を抱えています。

その種が増えると心が疲弊していきます。

その心の疲弊を止められるのが「自分を信じること」なのです。

そして、「自分を信じること」は今すぐできます。本を読んだり、自己啓発しなくても、「自分を信じる」と呪文のように言い続ければ、自分を信じる人になれるのです。

今、不安に押しつぶされそうになっている方に、この「自分を信じる」という言葉は、私からのギフトです。私は自分を信じるあなたを信じています。

誰にでもできることを、誰にもできないくらい心を込めてやってみる。きっと心に届きます

ある時、知人の奥様が鬱病になってしまわれたと聞きました。

何かできることはないかと考えた私は、毎日メールを送ることにしました。内容は、日常の出来事の報告のようなことから、本当に他愛のないことから、彼女のいいところを認めてあげて、気持ちが前向きになるような励ましのメッセージを送っていました。結局、二百日ほど送り続けたところ、うれしいことに、その知人から奥様が前向きになられたという連絡がきたのです。

毎日メッセージを送るというただそれだけのことですが、大切なことは「誰にでもできることを誰にもできないくらい心を込めてやってみる」ということなのです。

後日、その知人から「誰にでもできることかもしれないけど、自分だけの〝想い〟と〝こだわり〟を持って相手に向き合うことが大切なんですね」と感想をいただきました。

ただ一つ言えるのは、感謝の気持ちを持って、それをどんなに不器用でもいいので、言葉にしてみることです。感謝の言葉は誰も傷つけはしないのです。

奥様が前向きになられていった変化は、彼女からのメールの文面からも伝わってきていました。

初めは、ほとんど返ってこなかったメールの返事が少しずつ返ってくるようになり、「今日はこんないいことがありました」と、報告をしてくれるようになりました。

どれだけしぼんでしまった心も、栄養をあげれば、必ずまた元気を取り戻せます。

自分が元気な時、周りの誰かが元気をなくしていたら、ぜひ、心を込めて感謝やねぎらいの言葉を伝えてほしいと思います。

そうすれば、その言葉は必ず相手の心に届いて、良い変化を生んでくれるはずです。

ないものねだりは不安の蓄積、今あるものに感謝すれば踏み出せる

「〇〇〇〇さえあれば、〇〇〇〇できるのに」

ないものねだりをすると「今ないものばかりに目が行く」ことになります。

その結果、学歴がない、お金がない、スキルがない、愛情がないことに目がいき、毎日が不安になってしまいます。

私に舞い込んでくる恋愛相談、夫婦相談の多くは「ないものねだり」が起因となっていることが大半です。

愛情が感じられない、ときめきが感じられない、家事をしてくれない、子育てをしてくれない、お互いが「られない」「くれない」と言い合っているのです。

どんどん不安が蓄積され、ついに溢れ出すと怒りとなって爆発します。

「ないものねだり」は望んでいたことが叶わないことが起因となっています。

もう一度自分の心に聞いてみてください。

あなたが不安に思っている「ないものねだり」は、本当にあなたの望んでいたものなのでしょうか。

そうなのです。「ないものねだり」の不安が蓄積されていくと、もともと何が原因で「ないものねだり不安」になっていたかが分からなくなってしまうのです。

不安は、どんどん上塗りされるように蓄積されていきますから、最初のころのことは忘れてしまっているのです。

それならば「ないものねだり」の不安を一度リセットしませんか。

リセットの仕方は、パソコンと同じです。

「今あるものに感謝する」という心のボタンを押すだけです。

それだけで、あなたは気分爽快、心ワクワクと前に踏み出せます。

不幸だと思った瞬間に不幸になる。しあわせと思った瞬間にしあわせになる

私のセミナーなどに初めて参加する人たちは、心に何らかの不安を持っていても、二時間くらい私のポジティブオンパレードの話を聞くと、帰るころには「ようし頑張るか」と心晴れ晴れとした様子で「いってきます」と元気な声で挨拶して帰っていきます。

心とはそんなものなのです。

自分の思い一つで、しあわせモードに置き換わってしまうのです。

不幸だと思った瞬間に「やっぱりダメか」とそれを肯定すると、どんどん不幸スパイラルにハマってしまいます。

そうではなく、不幸だと思った瞬間に「即速否定」するのです。

「いや違う、可能性はある」「まだまだ私はできる」と即速置き換えるのです。

すると不幸の言葉は、不幸の行き場を失って消滅します。

そして、「可能性はある」「私はできる」というしあわせに続くポジティブワードだけが残ります。

しあわせワードの特徴は、次のしあわせワードをどんどん心の中に生み出していくことです。

あなたは、どんどん増えていくしあわせワードを肯定していけばいいのです。

しあわせワードをどんどん肯定していくと、「自己肯定、夢の肯定、挑戦の肯定、パートナーの肯定、子供の肯定、恋愛の肯定……」のしあわせスパイラルが加速します。

まずは不幸だと思った瞬間に、しあわせの言葉に置き換えてください。

心が楽になります。心が前向きになります。

89 あなたにはあなたの良いところが、たくさんあります

「あなたには、あなたの良いところがたくさんあります」と母から言われ続けて育ちました。

私は、それが身について、相手の良いところを探すのが趣味のようになりました。

社員の良いところ、お客様の良いところ、子供の良いところ、おせっかい仲間の良いところ。

そのせいか、良いところばかりが目につき、悪いところはまったく気にならなくなりました。

「あなたには、あなたの良いところがある」と言われ続けると「自分には良いところがあるんだ」と自分を認める感情が生まれ、何となく自信が湧き出してきました。

母もそれを狙って言い続けたのかもしれません。

その母を見習って、私は「あなたの良いところが、たくさんあることは知っています」と言い続けています。

すると、皆さんが「恵さんにそう言われると、そんな気がしてきた」と目が輝き出し、前を向き始めていきます。

様々な悩みの中で、それを解決しようと、この本を発見して、手に取ったその積極的な第一歩が、あなたの勇気です、その勇気を出したことはあなたの良いところの一つです。

あなたには、良いところがたくさんあるのですから、自分自身で見つけていってください。

それを見つけるには一日一行、愛あるおせっかいの行動が一番です。

「今日は、良いことをしたなあ」と、〝良いこと貯金〟をしていけます。

良いこと貯金の分、あなたの魅力が磨かれていきます。素敵な人になります。

話を聞く
!!
声をかける
!
小さなおせっかいで
救われる人は
大勢いる！

第八章
おせっかいの間を どう生きるか

人と人との間に必要なおせっかい五つの心の才能

私の家のトイレの扉には、「おせっかいで磨かれる五つの心の才能の言葉」が貼ってあります。ビジネスでも、家庭生活でも、人と人の間を生きていくには、学問的才能よりも人間的才能が大切です。おせっかいを経験することは社会に出て自立していく時に大切な、人間的才能を磨くことにつながります。

私は、この五つの心の才能を日々磨きましょうとよく伝えています。

一、人を好きになる才能
出会う、会話、分け隔てなく素直に人を好きになる才能が磨かれる

二、慮る才能

親切、謙虚、慈しむ、感謝、思いやり、しあわせを喜ぶ心のコントロールが磨かれる
三、希望を持つ才能
プラス思考、打ち勝つ、一歩踏み出す、ワクワクする夢を持つことの大切さが磨かれる
四、感謝する豊かな才能
生きている感謝、親への感謝、自然への感謝、仲間への感謝、教えてくれるすべての人に感謝
五、自分を好きになる才能
役立つ自分、求められる自分、助け合える自分、自分の個性が好きになる心が磨かれる

この「おせっかいで磨かれる五つの心の才能の言葉」は、他人のしあわせを自分のしあわせと感じる心と行動が育みます。

おせっかい行動を日々心がける人が増えることが、私の願いです。

Random Act of Kindness ランダム・アクト・オブ・カインドネス ＝OSEKKAI（おせっかい）

「Random Act of Kindness（ランダム・アクト・オブ・カインドネス）＝OSEKKAI（おせっかい）」

人と人との絆が崩壊しつつある欧米で、ある活動が生まれています。

その活動とは「見返りを求めず、対象を限定することなく、しかも名乗ることなく、思いがけない時・場所で、親切な行いをすること」。

まさに私たちが目指しているおせっかい活動と同じです

英語ではOsekkai、日本語でも「おせっかい」として、おせっかいが世界中に、活動としても言葉としても、心根として広がっていってくればいいなと思います。

見ず知らずの人の優しさに触れた時、すさんだ心に暖かい風が吹いてきます。

そして、その行為を見ていた周囲の心も温かくなっていきます。

おせっかいの善意は、人から人へと伝わり、加速度的におせっかいの連鎖を生み出していくのです。

そうして伝播《でんぱ》していったおせっかいの善意が、悪意を凌駕《りょうが》して「おせっかいのしあわせ連鎖」の起こる世の中になっていけばいいなと思っています。

一日一行のおせっかいを心がけてください。

おせっかいの愛情をかけることによって、おせっかいの出会いが生まれ、笑顔と心温かな平和な世界が生まれていきます。

おせっかいは、悩まない、凹まない、即速行動

人生は、思い通りにはいきません。挑戦しても、うまくいかないことだって当然あります。

そういう時は、とにかく五秒で忘れて、ダメージを引きずらないことが大切です。

おせっかいの行動もすべてがうまくいくわけではありません。

席を譲ったら断られてしまったり、ベビーカーを持ってあげたら泣かれたり、ちょっと恥ずかしい思いをすることもあります。

それでも、「おせっかいは、悩まない、凹《へこ》まない、即速行動」を心に刻んで実践し続けてください。そうすると、うまくいかなかったことをポジティブにとらえる、常に前向きな思考能力が養われていきます。

ある時、財布を落として田舎までの切符が買えず落胆している若者がいました。「どうしたの」と聞くと、「母が事故にあった」と言うのです。

私はその場で「とにかく急ぎなさい」と三万円をプレゼントしたこともあります。私はお金持ちではないので大変な出費です、でもこう考えました。

「私とここで出会ったということは、若者にお母さんを励ます時を過ごさせようと、おせっかいの神様が仕組んだ運命なんだ」と。

そう思うと、若者とお母さんの病室での心温まる再会のシーンが、ドラマのように浮かんできて、私までも心が温かくなりました。おせっかいをし続けていくと、自分に自信がつき、前向きな思考で生活できるようになります。

八十歳の私が、本を書き、朝早くからほぼ毎日ネットラジオに出演したり、全国講演に出かけたりとパワフルでいられるのは、おせっかい活動をして「悩まない、凹まない、即速行動」の前向きな思考に日々鍛えられているからです。

私の好きな三つのおせっかいの言葉
おせっかいの覚悟、
おせっかいの勇気、
おせっかいの愛

私は「愛あるおせっかい」が無意識に、自然に、行われていく世の中になって、笑顔の世の中になっていくことを願っています。

二〇一七年に、米国のセイラー教授がノーベル経済学賞を受賞したことで、無意識の行動をベースにした「ナッジ理論」が注目されました。

難しい理論のことはよく分かりませんが「無意識の行動」を促すことは、おせっかい協会の活動「愛あるおせっかいの普及」の一番の願いでもあります。

私には好きな三つのおせっかいの言葉があります。

おせっかいの覚悟……日々愛あるおせっかいを躊躇《ちゅうちょ》しないですぐやる覚悟。

おせっかいの勇気……目の前の人に声をかける、手を差し出すことが無意識にできる勇気。

おせっかいの愛……おせっかいと愛は一体です。慈しむ、慮ることで共にしあわせになる愛情。

この三つの「おせっかいの覚悟」「おせっかいの勇気」「おせっかいの愛」が、日々いたるところで無意識に行動に表れている世の中を想像してみてください。

家族の中でのおせっかい、学校生活でのおせっかい、仕事の上でのおせっかい、友達同士のおせっかい、電車の中でのおせっかい……あちこちで生まれる笑顔を想像するだけでワクワクしてきませんか。

愛あるおせっかいは、自分も相手もしあわせにし、笑顔を引き寄せる行動です。

もちろん初めは「恥ずかしい」「迷惑に思わないだろうか」と躊躇することもあります。でも、そこを意識すると行動できなくなります。無意識のうちにスッと立ち上がって「どうぞ」という姿勢がかっこいいのです。

愛あるおせっかいを無意識にできる世の中、皆さんも心がけてくださいね。

ありがとう、おつかれさま、いってらっしゃい

「ありがとう」「おつかれさま」「いってらっしゃい」は、おせっかいの魔法の言葉です。

私はビルの十九階に住んでいます。

インターフォンから「今から伺います」と配達に来てくれる宅配便屋さんは、重い荷物を抱えて上がって来てくれます。そこで、「ありがとう、おつかれさま、いってらっしゃい」と言って、お茶とお菓子を出すおせっかいをずっと続けています。

お菓子を食べているほんの少しの間、身の上話を聞きます。

大学生のアルバイトの方には「将来何を目指しているの？」と聞きます。

倒産した元社長の方には「再起の決意」を聞いて背中を押します。

起業を目指してお金を貯めている人には「起業の先輩としてアドバイス」をします。この間、一分から二分です。ほんのちょっとの一休みになればと始めたおせっかいです。

ある時インターフォンが鳴りました、私の地区を担当していた宅配便の若者でした。「今日は荷物の配達ではないのですか、お世話になったお礼を持ってきました」と言いました。私の家の担当を何年間か続けてきた方です。

「今度実家の仕事を手伝うことになり、来月実家に帰るのです。高橋様には毎回お茶とお菓子を出していただき、そして、『ありがとう、おつかれさま、いってらっしゃい』とのお声掛けに、いつもホッとしていました。本当にありがとうございました」とお茶菓子を持ってきてくれました。

私のほうが目頭が熱くなりました。

「実家に帰っても、東京に来ることがあれば、いつでもいらっしゃい」と送り出しました。

「ありがとう」「おつかれさま」「いってらっしゃい」を日々使ってみてください。魔法の言葉です。

他人のしあわせが自分のエネルギーになる

私は、人におせっかいをすることを生きがいにしています。

人に喜んでもらいたい、ちょっとでもいいから笑顔になってほしい。

そのためには何をすればいいのか。それを考えて、実行できそうなことはすぐに実行しています。

そうして実際に喜んでもらえると、それがまたとない自分のエネルギーとなって、もっと頑張ることができるのです。

会社員だった時も、経営者だった時も、そしてもちろん今も、とにかく他の人の笑顔を第一に考えて生きてきました。

このような話をすると、自分の人生は自分のものなのだから、そんなことはできない。自分がつらい状況にあるのに、人にかまってなどいられないと反発する人もいます。

人は、自分以外の誰かのために生きてこそ、初めて本当のパワーを発揮できます。自分のために生きることも大事ですが、自分のためだけに生きていると、少しうまくいかない時期が続いた時、心が折れやすくなります。

少しガツンと言いますが「思ったようにうまくいかないことが多い」という人は、自分のことばかり考えているからうまくいかないのかもしれません。

だから、他人のしあわせのためにおせっかいすることを、皆さんにおすすめしたいのです。

今がうまくいっていないと感じている方にとっては、なかなか信じられないかもしれませんが、目の前の人を助けるエネルギーは、いつか自分を助けてくれるエネルギーとなります。

他の人と自分を比較する人生ではなく、他人をしあわせにすることを自分のエネルギーにすると心がけることで、自分のエネルギーがどんどん前向きに変わっていきます。

96

話を聞く、声をかける、小さなおせっかいで救われる人が大勢いる

これまでたくさんの悩みを持つ人と接してきました。

その時の私のスタンスは、相手がどれだけ深い悲しみや怒りなどを抱えていたとしても、相手と同じ感情を持とうとはしません。

相談に乗る時でも相手の悩みに深く入ろうとはしません。

おせっかいを信条としているのに冷たすぎると言われそうですが、実は、悩みを抱えた人にとって一番大切なのは、本音を引き出してあげることなのです。

「あなたの悩みを解決する力は私にはないけれど、あなたを信じているから、とことん話してみて。泊まっていってもいいよ。朝まで悩みを聞きます」

と言葉を掛けて、徹夜して本音を聞きます。

そうすると、自分を信じてくれている人がいるという安心感と、とことん悩みを打ち明けられたという今までたまっていた悩みからの解放感で、最初は涙目だった顔が、朝になる頃には晴れ晴れとしてきます。

話を聞くだけの小さなおせっかいが、悩みの呪縛に縛られていた日々から解放させるのです。

最近、友人、仲間、家族、先生など、このように悩みを打ち明けられる人の絆と場所もなくなっていると聞きます。

まずは話を聞くだけでいいので、身近な悩める人に声をかけてみてください。

その小さなおせっかいで、人生を救われる人がいるのです。

おせっかいの報酬は、ただ楽しい

私の座右の銘は「不惜而楽」です。

これは「ふしゃくじらく」と読みます。「惜しまずにしてしかも楽しい」という意味です。

ちなみに私の造語なので、意味を調べても出てきません（笑）。

自分のことを気にして惜しんだりせずに、どんどん人におせっかいをしていく。

こんなおせっかいをしたらあの人は何と言うだろうか……。

このお手紙を送ったらあの人は喜んでくれるかしら……。

そんなことを想像するだけで、結果を見る前からワクワクしてしまいます。

楽しむことが大事です。それで結果はついてくるのです。

毎日が楽しくないと思っている方は、まず考え方を変えてみてはどうでしょうか。

まずどんな小さなことでもいいから楽しもうと考えるのです。

何を楽しめばいいのか分からない場合は、小さな楽しいことを探してみましょう。

「楽しくしたいなぁ」と思って行動しさえすれば、人生はだんだんと楽しいほうに向かい、充実したものになっていきます。

そこでおすすめは、小さなおせっかい行動です。

おせっかい行動は、自分も相手もみんなに笑顔が連鎖する行動なのです。

最初のうちは、ちょっと恥ずかしくて、おせっかいに踏み切れないこともあるかもしれませんが、そこで心が折れずに、おせっかいで日々を楽しむというポジティブな意識を持っていると、自然と楽しいことが起こります。

「おせっかいの報酬はただ楽しい」と心がけて日々を送ることで、楽しむことが当たり前となり、今までの生活を変えることができるのです。

得るものより、与えることにカギがあるね

この言葉は、創業した会社でマネジメントをしていた、プロサーファー飯島夏樹さんの言葉です。彼は若くしてガンで亡くなってしまいました。
末期ガンであることが分かってからも精力的に活動をする彼を見ながら、どうしてあれほど前向きに頑張れるのか不思議でした。
そんな彼の元を訪ねた時、こんな言葉をかけてくれました。

「得るものより与えることにカギがあるね」

彼はガンに侵されていて、死が目前に迫っているという状態。

痛いでしょうし、苦しいでしょうし、怖かったと思います。

でも、それでも彼は、何かを与えよう、何かを残そうと、思いのバトンをつなぐことに必死だったのだと思います。

私も、「自分が得るのではなく、人に与えるような生き方をしたい」と彼の言葉と生き方から決意しました。おせっかい活動への道筋をつけてくれたひと言でした。

とはいえ、今の私がそのような生き方をできているのか、正直言ってよく分かりません。

でも、私が好きでやっているおせっかい活動に賛同して、全国でおせっかいのバトンをつないでくれている仲間ができ始めています。

全国の一人ひとりが、誰かにおせっかいバトンをつなげていけば、「おせっかいでつながる心豊かな社会」になっていくと思います。

だから、私はこれからも、夏樹さんの想いを心に秘めて、命ある限りおせっかいをしていきます。

おせっかいの出会いの多さは、しあわせを呼ぶ多さ

「なぜおせっかい活動を始められたのですか」とよく聞かれます。

私は即答します。

「おせっかいは、おせっかいをする人も、おせっかいをされた人も、心がしあわせになるからです」と。

おせっかいという言葉は、余計なお世話をすることと、辞書にも書いてあるように、あまり良い意味では受け取られていません。

でも本当にそうでしょうか。

日本人は、もともとおせっかいの心を持っていると思います。

ご近所でおせっかいをし合うことが当たり前だったのです。

おせっかいによって、ご近所同士に笑顔が溢れていました。

ところが最近では、他人との接触を避けるようになり、人と人との間が希薄になってきました。

孤立化が進み、孤独に悩む人が増えるようになりました。

その影響は、心の崩壊につながり、目を覆うような事件が多くなりつつあります。

私は「愛あるおせっかい活動」が、人と人との間をつなぐ架け橋になると信じています。

事実、おせっかいとの出会いで、どん底から立ち直りしあわせをつかんだ方もたくさんいます。

おせっかいによる出会いの多さは、多くのしあわせを呼ぶことにつながっているのです。

あなたにもおせっかいの心があります。しあわせを呼ぶおせっかいをしてみませんか。

おせっかい一心一路「私の一生」ワクワクの詩

おせっかい仲間が送ってきた元衆議院議員の米津等史先生の素晴らしい詩「人の一生」にあやかって自分の一生の詩を書いてみました。

みなさんも、「私の一生」の題で、詩を書いてみてください。

二十代で自立しなければ
四十代で起業ができなかった
三十代で一生懸命にならなければ
五十代で自信を失っていた
四十代で起業しなければ
六十代で路頭に迷っていた
五十代で社長交代しなければ
七十代でおせっかい協会がなかった
六十代で孫育てがなければ
八十代で第二の青春がなかった
七十代でおせっかいに目覚め
九十代でおせっかいが世界に残る
八十代で世界中のおせっかい仲間と出会い
百歳で天界におせっかいを広めに行く

「私の一生」
二十代で　しなければ
四十代で　できなかった
三十代で　しなければ
五十代で　失っていた
四十代で　しなければ
六十代で　迷っていた
五十代で　しなければ
七十代で　できなかった
六十代で　しなければ
八十代で　なかった
七十代で　があれば
九十代で　が残る

命を救った一枚の手紙

原作／高橋 恵　創文／内村守男

先述しましたが、もう一度お聞きしたいです。

あなたは、人生最後の時に、もう一度読みたい手紙がありますか？

私には、命を救ってくれた一枚の手紙があります。その手紙がなかったら、私は死んでいたのです。私だけでなく家族全員も死んでいたのです。

戦後の混乱期に、どん底を救ってくれた一枚の手紙だったのです。その手紙の言葉を心の支えに、「命があればなんだってできる」と生きてきました。


母の戦いは、戦争が終わってから始まった。父の戦死に嘆く間もなく空襲で焼きだされ、三人の娘を抱えて路頭に迷った。親戚の家を頼りながら雨風をしのぎ、必死に耐えて娘たちを育ててきた。

　私たち三姉妹は、朝から晩まで一生懸命に働く母の姿を見ていた。だから「ほしい」という言葉は使わないと決めていた。

　お母ちゃんは、いろいろな仕事をしていた。香水の香りをさせながら出かけていく化粧品のセールスレディ。食堂のお手伝いの時は私たちも恩恵にあずかった。この時は残り物をいっぱいもらってきて食卓が華やかになった。

　三日前、夕方遅くまで友達と遊んでいた。

「また、怒られるかな」と忍び足で家に帰ると玄関前に姉と妹が耳を塞《ふさ》いでうずくまっていた。「え、どうしたの」と聞くと、姉が「静かに」と私の口を塞いだ。

　家の中から見知らぬ強面《こわもて》の男の人の罵声《ばせい》が聞こえてきた。

「もう、期日が二週間もすぎているんですけどね！　本当なら全額返してもらわないとね！　それでも社長があんたのとこの父ちゃんは、お国のために戦って死んだと言って、大目に見てきたんだ。それだけありがたく思いなよ。でも今日は、利子分だけでももらって帰りますよ。いいですね」

「もう少しお待ちください。あと一週間で給金が入りますから。もう少し待ってください」と母が畳に額をこすりつけている姿が見えてきた。

「おい、何か金になりそうな物あったか」と強面がもう一人の部下に命令した。

「何もないですね」と部下が部屋を見渡していった。

その時、母の指を見逃さなかった。「お、高そうな真珠の指輪を今隠しましたね」

母が、その真珠の指輪を両手で握りしめた。

「これは、唯一のお父ちゃんの形見なんです。これだけはだめです。持っていかないでください」

それでも強面は、母の手を振り払い、真珠の指輪を母の手からもぎ取った。

その姿を見て、私は姉の静止を振り切って強面の男の前に飛び出した。

「お母ちゃんをいじめないで！　いじめないで！　お母ちゃんの指輪返して！」とさけんだ。

「お嬢ちゃん、こわいね。もう話は終わった。俺たちは帰るぞ」

男たちは、真珠の指輪を持って出て行った。

お母ちゃんが涙の溢れた手で「もう大丈夫よ」と私を抱きしめた。そこに、姉と妹が抱きついてきた。


それから、お母ちゃんの様子がおかしくなった。

仕事にも行かず、寝込むようになった。

姉は「お母ちゃん、風邪ひいたのよ」と、私たちを心配させないように気を配っ

命を救った一枚の手紙

た。

それでも、今まで気丈に一生懸命に働いていた母の様子が明らかにおかしかった。今思うと戦後の混乱の中、私たち三人姉妹をひもじい思いをさせないようにと必死になって働いてきた母の原動力が、父からの唯一のプレゼントの真珠の指輪だったと思う。

お母ちゃんが寝込んでから、近所のおばちゃんたちが心配して「少しだけどみんなで食べてね」とおかずを分けてくれた。しかし、御裾分けにも限界があった。家に残ったのは、缶に入ったおせんべいだけになってしまった。

そのおせんべいが今日の夕飯となった。

「おせんべいも、お米よ〜、お水と食べれば腹いっぱい〜」と私たちはちゃぶ台の回りでおどけて、ケラケラと笑い声を立てた。

その笑い声で、隣の部屋で横になっていた母が視線をむけた。身体を起こした母の顔はやつれていた、声も弱々しかった。母がぽつりと思いつめた様に言った。

「天国のお父ちゃんのところに行ってみない？」

姉と私が「え!?」と絶句した。

事情が分からない妹が無邪気に「お父ちゃんに会いに行くの？　会いに行きたい」と言った。

姉が「黙って」と妹の口を塞いだ……。

「おねぇちゃん、痛い。手をどけてよ。お父ちゃんに会いに行けるなら会おうよ。私お父ちゃんのこと知らないから、会いたい……」とべそをかいた。

母がもう一度「お父ちゃんのところに、みんなでいこう」とポツリと言った。

ちゃぶ台を照らす電灯に、蛾《が》がちりちりとぶつかる音だけが部屋に響いた。

玄関先に人影が動いた。

「あ、誰か来た！　あの男だったらかくれよう」と私が言った。

玄関のすき間からスッと静かに手紙を挟むのが見えた。

「あ、何か挟んでいったよ」

姉がその手紙を取りに立ち上がった。

「取らなくていいわよ」という母の静止を振り切って、ドアに挟んであった一枚の手紙を取りに行った。姉は、紙切れを恐る恐る開いた。

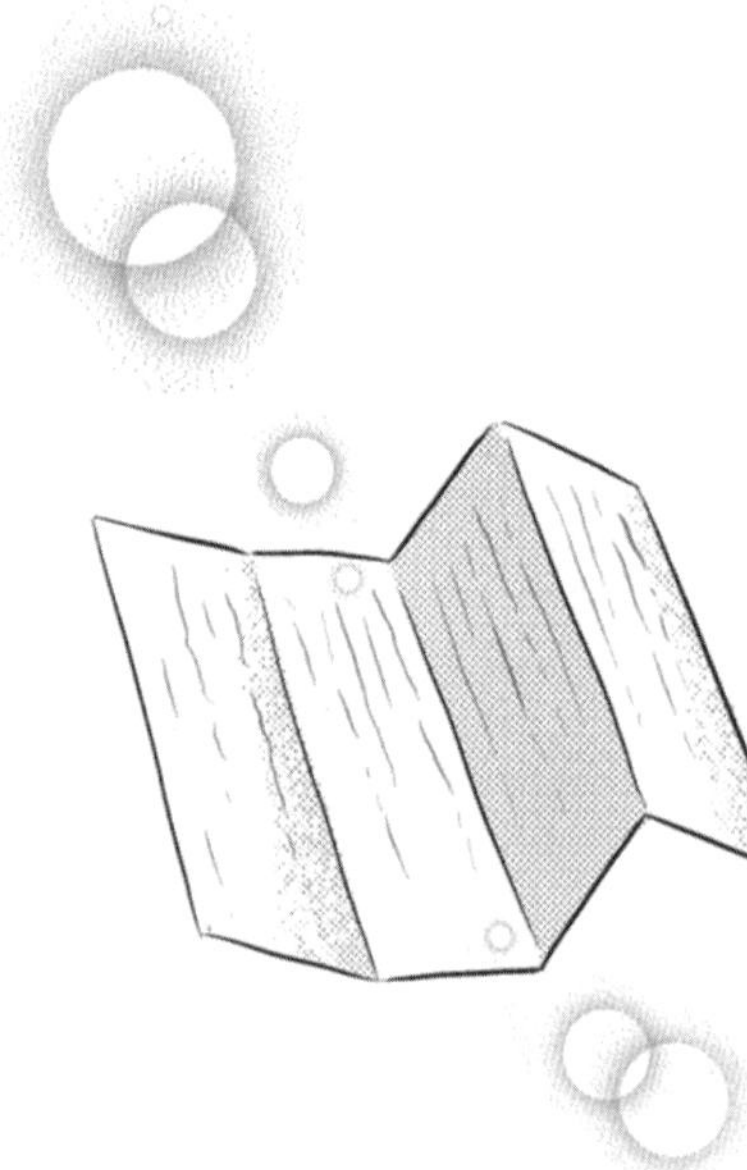

命を救った一枚の手紙

一瞬の間があり、姉の嗚咽《おえつ》が聞こえてきた。

心配になって、私も、妹も駆け寄ってその手紙を読んだ。

私たちもただ抱き合って嗚咽した。

その姿を心配そうに見ていた母と目線が合った。

私たちは、母のところに駆け寄り、姉が涙目で「これ読んで」と母に手紙を渡した。

母が涙でぬれた手紙を広げて、震える声で力なく読み始めた。


「どうか希望を失わないでください。

あなたには、三つの太陽があるじゃありませんか。

今は雲の中に隠れていても必ず光り輝く時があるでしょう。

どうかそれまで死ぬことを考えないで生きてください」


読み終えた母が、三人を思いっきり抱きしめ、「ごめんね。ごめんね。もうお母ちゃん大丈夫だから」と号泣した。

姉が言った。「きっと、この手紙、天国のお父ちゃんが贈ったんだよね」

「うん、お母ちゃんを元気づけようと贈ってくれたんだ」

命を救った一枚の手紙

「この手紙、お父ちゃんの匂いがする」と妹が言った。

「え、本当?」と手紙の匂いを嗅いでお母ちゃんが笑顔をみせた。

「お母ちゃん、元気になった。よかった、うれしいな」と、手紙をかざしてスキップする妹の姿に家族の笑顔が戻った。

それから、生活は相変わらず苦しかったけど、笑顔だけは溢れていた。お母ちゃんは前のように仕事に精出しなんとか三人を育て上げた。


「あなたは、人生最後の時に、もう一度読みたい手紙がありますか?」と訊ねられたら、私はこのように答えます。

「この近所のおばちゃんがそっと入れてくれた、おせっかいの手紙を読みたいと思います」

この手紙はもうどこにあるのか分からないけど、私たち家族の心の支えとなっています。

たった一枚の手紙が命を救うことがあります。

たった一言の優しさが命を救うことがあります。

優しいおせっかいの手紙を書いてみてください。

相手の心も、自分の心も優しさに包み込みます。

「私からの心を込めたおせっかいな手紙」　高橋　恵／歌　鈴木智子

命を大切にしてください。
命に優しくしてください。
命を止めないでください。
あなたには、あなたの太陽があります。
今は、黒い雲の影に隠れているかもしれません。
今は、あなた自身が気がつかないだけかもしれません。
この世に生まれてきたすべての命には太陽があります。
人には人の太陽、子供には子供の太陽、親には親の太陽。
犬には犬の太陽、猫には猫の太陽、自然の動植物すべてにも太陽があります。
その太陽はそれぞれの生きる場所で役割を持っているのです。
だからあなたの太陽にも役割があります。
今はその役割探しに、悩み、迷い、壁にぶつかっているだけなのです。
でも、この世に生まれたのが奇跡の命なのですから、ほんのちょっと自分の太陽を信じて扉を開けてみてください。
あなたの太陽は、あなた自身に気がついてもらえることを待っているのです。
もしあなたが、自分の太陽に気づいた時、
あなたの心に自信が湧き上がり、
あなたの顔に笑顔が戻り、
あなたの人生が今より楽しくなり始めます。
だから、けっして諦めないでください。
心の葛藤を、社会のせい、人のせい、親のせいと思わないでください。
それぞれにあなたと同じ太陽を持って生きていると思ってください。
太陽の輝きには寿命があります。
でも、それはまだまだ先です。
それまで一瞬一瞬を大切に、人の間を、命の間を精いっぱい生きてほしいのです。
私は信じています。
あなたにはあなたのいいところがいっぱいあることを。

一般社団法人　おせっかい協会支部の皆さん（敬称略）

北海道　及川直樹
秋田県　佐藤昌子
福島県　相原節子
　　　　内村裕子
茨城県　永瀬直子
　　　　永瀬良一
栃木県　原操
千葉県　須藤博文
　　　　鈴木智子
　　　　渡部夫妻
埼玉県　草なぎ馨
神奈川県　矢島加南子
　　　　山本直
石川県　松田千亜紀
福井県　津田佳子
長野県　長矢良子
岐阜県　下條紅
　　　　伊藤里香
　　　　進藤泰世
静岡県　向坂由美子
愛知県　宇都小百合
　　　　竹内英人
滋賀県　北村順子
　　　　坂口暁子

京都府　桃井まゆみ
大阪府　有谷良江
　　　　中川やす代
奈良県　上林久美子
岡山県　藤村敦子
　　　　川上直哉
　　　　山根奈々
広島県　折﨑久美子
　　　　馬場真理
香川県　合田仁美
　　　　松林高洋
　　　　横山貴子
　　　　横山一宏
高知県　山本隆心
福岡県　伴克子
　　　　光安桂子
熊本県　岳崎健太
大分県　板敷健一
鹿児島県　新地佐智子
　　　　新地明久
　　　　福島やすし
沖縄県　上原孝志
　　　　久保田里子
　　　　伊達将人

イギリス　スカイ・Y・マキノ〈マンチェスター〉
アメリカ　倉本美香〈ニューヨーク〉
　　　　橋本なつみ〈ハワイ〉
　　　　アンディ松本〈ロサンゼルス〉
インドネシア　ヴェルリントン・ワルド〈ジャカルタ〉
　　　　シリ・バノワティ〈ジャカルタ〉
オーストラリア　加我たまき〈メルボルン〉
　　　　福留ひさこ〈シドニー〉
台湾　石田健
学生チーム　大澤凛太郎
　　　　坂口玲仁

【東京リーダー及び協力者の皆様】

赤塚智高　金沢景敏　土屋ゆうじろう
有吉徳洋　川上邦彦　野口雄志
井村ヨースケ　北野美穂子　堀田秀吾
牛尾美香　黒木舜史　林淳一
于前　クミッチェル　藤居大輔
内村守男　ケミン　船山喜美子
落合守征　倉富喜久子　松井守
大山峻護　グラレコ奈美　真鍋祐子
桜華純子　重光咲希　峯岸光政
小野義直　柴田桃子　山口節子
織江強志　谷北斗　ローレンス佐藤
大棟耕介　田村恭子
香葉村真由美　堤裕一朗

◆おせっかい協会に寄せられた手紙①

私がなぜ、おせっかい協会茨城支部に立候補したのかをお話ししたいと思います。

今から三十年前、私は乳飲み子を抱え離婚しました。

当時は横浜に住んでおり駅近くのマンションで家賃は十二万、三か月の乳児を育てながらの生活は、とても苦しいものでした。

このままでは、生活は難しく茨城の実家に帰ることにしました。

転出届を出しに西区の区役所に行った時です。転入に必要な所得ゼロ、非課税証明書を発行してもらうため、窓口の職員さんに泣きながら離婚経緯や茨城の実家に戻る話をしていた時、私の隣に年配の女性がいました。

その女性が、いきなり私の手を握って「貴方《あなた》、大丈夫よ。頑張って……私も離婚して女手一つで子供を育ててきたけど、その娘も立派に成人したの。だから貴方も大丈夫よ」っと手を握りしめ私の手に紙を握らせました。

私は驚きました。何かのメモ書きかと思い、恐る恐る手を広げると……私の手の中には小さく折られた一万円札がありました。

後を追いかけましたが、その女性は見当たりませんでした。

見ず知らずの私に温かい言葉を掛け、お金まで。

私は、そのお金で粉ミルクを買わせていただきました。苦しい時でしたのでとても助かりました。

その時から私は心に決めました。私も人に温かい言葉掛けをして愛のパワーを与えていこうと。

恵さんのお話を銀座の土屋ショールームで伺った時、恵さんのお話に共感し、私もおせっかいを広めたいと思い茨城支部に立候補をさせていただきました。

私が小さい恵さんになって茨城に、たくさんのおせっかい仲間を増やしていこうと思っています。

茨城支部　永瀬　直子

◆おせっかい協会に寄せられた手紙②

「おせっかい」の精神を恵さんの著書で知った時、五十年の人生の答え合わせができた気がした。

みんな何かしらの幸運を引き寄せた経験があるのではないだろうか？　私自身もいくつかの経験があり、その幸運はまさに「利他の心」で何か心がときめくままに行動し喜んでもらえた経験の中で生まれていた。そしてその幸運は仕事でも、恋愛でも、家庭生活でも、子育てにおいても引き寄せる。

「おせっかい」は人生を心豊かに生きるための指針となる。

「おせっかい」を実践してこられた内容を具体的に伝えていくことにトキメキを感じている。

学生チーム、会社のスタッフ、そして海外の仲間に勝手にドンドン伝えている。

本の内容、自身の経験、そして恵さんと過ごすたびに発見する「おせっかい」をただ語る。

インドネシアの友人は感動し、ユーチューブ番組を作り始め、学生は大学講義提案に申請しているらしい。

不思議なもので「おせっかい」は伝わると勝手に「おせっかい」で広げてしまうのだ。楽しすぎる。

明確に言語化された奥深い「おせっかい」を知った時から、私の心は解放から不安の種がなくなった。どう生きればよいのか、明確な心の指針が出来たのだから。

感謝が溢れる日々をありがとうございます。

滋賀リーダー　坂口　暁子

著者の高橋恵にお問い合わせがある方は、
下記までご連絡ください。
講演会やセミナーなどにつきましても、
こちらが窓口となります。

一般社団法人おせっかい協会
www.ossekkai.jp
〒164-0001
東京都中野区中野4-3-1-1905

おせっかい協会［公式］サロン（左）
一般社団法人おせっかい協会（中）
おせっかい協会メルマガ登録（右）

あとがき

八十歳になったことを契機に、本を出したいという意欲が湧き上がりました。それは、読者の方からこの手紙をいただいたからです。

「心に聞いてみる……この言葉は、これまでの自分を見直す勇気になりました」

「自分の思い通りにいかないとイライラしてしまう、余裕のなかった日々を反省して、自分の心に改めて聞き、夫・子供たちの心を聞くことを始めてみたところ、お互いの心が解け合い始め、毎日に心の余裕と笑顔が戻ってきました」

私の人生フルコースから生まれた言葉が、多くの人の心に響いて私の活動がしあわせを呼ぶおせっかいをしていると実感したからです。

それから約一年、致知出版社の藤尾秀昭社長はじめ、編集を担当していただいた小森俊司さんのご協力、そして、おせっかい仲間のそれぞれの専門分野を活かした、愛あるおせっかいの作業で素晴らしい本となりました。

特に十年越しのおせっかいのアドバイスと膨大な文章を書いていただいた内村守男さん、素敵なイラストで私の想いを表現いただいたイラストレーター・漫画家の清水彩花さん、国文学と絵本の専門知識を生かして推敲いただいた田村恭子さん、帯の写真をはじめ、いつも笑顔の写真を撮ってくださる写真家の于前さん、創業時から変わらず優しくアドバイスをくださった小野義直さん、何でもわがままを聞いてくれるマネジャー的存在の船山喜美子さん、日めくりカレンダーや映像の文字を快く書いてくださった書道家の横山貴子さん、おせっかいの詩に素敵な曲を創って泣きながら歌ってくださった鈴木智子さん、おせっかい協会の資料をＩＴ技術で瞬時にまとめてくださる黒木舜史さん、なんと七十五年続く幼馴染の五人組、即行動してくれる学生チームの皆さん、紙幅の都合で記し切れない多くの仲間のおかげで今日までできました。さらに、私の八年間の行動を側面から見守って確信し推薦してくださった致知出版社の浅井敬行さんに心から感謝申し上げます。

この愛あるおせっかい本から皆様の心にしあわせがたくさん届きますように願っています。

令和五年一月吉日

高橋　恵

瞳お姉様

この本を、執筆中に天に召された姉の池本瞳に捧げます。

人生フルコースの私が今あるのは、陰になり日向になり、私に素敵な言葉を掛けて応援してくれていた姉がいたからです。

どんなに勇気をいただいたか、はかり知れません。

コロナで面会もままならぬ状況となり、ガラス越しの対面が最後となりました。


思えば姉は、戦争未亡人の母を助け、長女として一貫して真面目で決して出しゃばらず、何を言われてもニコニコして絶対に悪口を言わない、何も考えていないようでも誰よりもスマート。

だから姉のことを悪く言う人は1人もいなかった。それだけが誇りだったと姉の子供たちが口を揃えて言います。

そんな姉が口癖のように言っていた言葉の一つが「心に糧を」。


物や材は使うとなくなるわ。また災難にあって損失することもあるでしょう。しかし心や頭に蓄えた物はなくなりません。

つねに素直な心で学ぶことが大事。良書を読み、質の高い文化に触れ、感動する心、吸収する柔軟な頭、日々の努力で心に糧を蓄えていくようにね。　姉より

昔、姉から届いたはがきを思い出すたびに、子供たちにも伝えていたであろう子育て教育が見えるような文面でした。

父が戦死して、20代で一人になった母の横で、私たち妹に言い聞かせてくれた多くの言葉、本当に本当にありがとう！

〈著者紹介〉

高橋恵——たかはし・めぐみ

1942年生まれ。一般社団法人おせっかい協会会長。3歳の時に父が戦死し、シングルマザーとなった母のもと、3人姉妹の次女として育つ。短大卒業後、広告代理店に勤務。結婚退職後、2人の娘の子育てをしながら様々な商品の営業に従事し、トップセールスを記録。40歳で離婚。42歳で当時高校生だった長女らと共に自宅のワンルームマンションでPR会社を創業。その後、長女に託した同社は2018年に東証一部に上場。2013年に一般社団法人おせっかい協会を設立。80代の現在でもクラブハウスに週9本以上、ラジオ、テレビに月1本出演。その他、おせっかいセミナー、講演、オンライン交流会を行っている。著書に『幸せを呼ぶおせっかいのススメ』（PHP研究所）『笑う人には福来る』（文響社）『あなたの心に聞きなさい』（すばる舎）『営業の神様が笑うとき』（秀和システム）がある。おせっかい協会支部を全国各都道府県に設立中。

百年人生を笑って過ごす生き方の知恵

令和五年一月二十五日第一刷発行

著者　高橋　恵
発行者　藤尾　秀昭
発行所　致知出版社
〒150-0001東京都渋谷区神宮前四の二十四の九
TEL（〇三）三七九六―二一一一
印刷・製本　中央精版印刷

落丁・乱丁はお取替え致します。　（検印廃止）

ISBN978-4-8009-1275-6 C0095
ホームページ　https://www.chichi.co.jp
Eメール　books@chichi.co.jp
JASRAC　出　2300045-301